十万个为什么

关于历史的
有趣问题

GUANYU LISHI DE
YOUQU WENTI

未来出版社

图书在版编目（CIP）数据

关于历史的有趣问题 / 《十万个为什么》编写组编
著. — 西安：未来出版社，2012.8（2018.6 重印）
（十万个为什么）
ISBN 978-7-5417-4705-2

Ⅰ．①关… Ⅱ．①十… Ⅲ．①世界史—青年读物②世
界史—少年读物 Ⅳ．①K109

中国版本图书馆 CIP 数据核字（2012）第 201480 号

十万个为什么

关于历史的

有趣问题

GUANYU LISHI DE YOUQU WENTI

主　　编　云飞扬　魏广振
责任编辑　王小莉
装帧设计　许　歌
出版发行　未来出版社出版发行
　　　　　地址：西安市丰庆路 91 号　邮编：710082
　　　　　电话：029-84288458
开　　本　16 开
印　　张　10
字　　数　210 千字
印　　刷　保定市铭泰达印刷有限公司
版　　次　2012 年 9 月第 1 版
印　　次　2018 年 6 月第 6 次印刷
书　　号　ISBN 978-7-5417-4705-2
定　　价　29.80 元

前言

Foreword

　　你知道女娲补天吗？你知道战国七雄吗？你知道埃及金字塔吗？你知道木乃伊是怎么回事吗？你知道为什么武则天要为自己立无字碑吗？你知道拿破仑是如何成为法国皇帝的吗？还有好多好多问题，如果你想知道答案，那么就请你打开这本书，它会详细地告诉你。

　　有一位名人说过：忘记过去就等于背叛。这就说明，我们应该知道历史，了解历史。作为一个中国人，不仅要知道我们中华民族五千多年灿烂的文明历史，也应了解世界的历史，它同中国的历史一样精彩。读历史，你会知道什么是忠、什么是奸、什么是义、什么是善。在这里，你不仅会被多姿多彩的历史故事、历史人物所深深吸引，更重要的是能从中学会辨别是非的能力，学会为人处世的道理。通过阅读，不仅能开阔我们的视野，更能增长我们的知识，会让我们更加热爱今天的生活，会更加热爱我们的祖国，会更加深刻地体会到作为一个中国人是多么的自豪和幸福。

　　为此，我们精心编写了这本书，通过历史遗址、人物肖像、文物图片等多种直观形象与文字的有机结合，让你更直观地去了解历史。另外，书中还有小栏目，它会加深你对一些知识点的了解。

　　希望通过这本书，不仅让你拥有收获知识的快乐体验，更能通过一个个精彩的历史知识，让你明白应该做一个什么样的人，应该如何学习和生活，应该如何对待你周围的人和事，学会用历史的眼光去观察世界和认识世界。

目录

Con tents

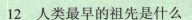

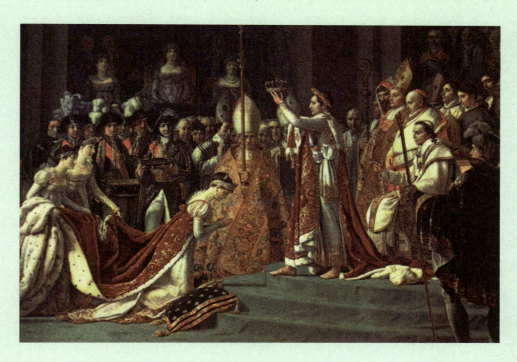

人类最早的祖先是什么

　　我们人类是世界的主宰,可是,你想不想知道人类的祖先是谁呢?来自英国、中国和美国的一组科学家在最新一期的美国《自然》杂志上发表联合研究报告说,他们在中国云南发现了一块距今4亿年的鱼化石。这表明包括人类在内的陆地脊椎生物的祖先可能最早出现在中国。在同一个地方,科学家们也发现了一些其他鱼类化石,这些化石都是首次被发现。科学家们正在研究这些样品,新的研究成果将会为研究陆地脊椎动物的起源提供有用的线索。科学家以前就认为,海洋鱼类是陆地脊椎生物的共同祖先。 参与研究的美国基恩大学的科学家说,这条化石鱼比科学家预期的更原始。这说明,人类可能比我们过去认为的出现时间还要早。考古学家们相信,这条4亿年前的鱼是现代鱼类和总鳍鱼的共同远祖。伦敦自然历史博物馆的阿尔贝格教授说,现在看来,最原始最古老的总鳍鱼来自中国。这个发现有可能说明人类起源于中国南部,当然,这有待于科学家们进一步考证。

◖总鳍鱼

你知道亚洲最早使用火的原始人类吗

　　火对我们生活非常重要,那么最早使用火的原始人类是谁呢?是中国的元谋人。元谋人遗址是1965年在云南省元谋县那蚌村发现的。考古研究表明,元谋人生活的时代距今大约有170万年,是我国乃至亚洲最早的原始人类。考古工作者在这一遗址中发现了两颗古人类门齿化石和一些粗糙的石器,此外还发现了很多燃烧过的炭屑和兽骨。兽骨的颜色发黑,显然是燃烧过的。这表明元谋人已经掌握了天然火的使用。这也说明元谋人已会制造和使用工具。元谋人遗址是人类最早用火的实证,这一发现把人类用火的历史大大提前了,火的使用在人类进步史上占有重要的地位。

⊙元谋人使用火

世界上各色各样的人种是怎么形成的

世界上有黄皮肤的人、白皮肤的人、黑皮肤的人等等，这说明，人有不同的种类。人类的不同到底是怎样形成的呢？由于过去人类受到自然界的严重束缚，各人群长时期地生活在相对隔离的地理环境中，在体质上形成了互不相同的适应性特征。这些特征世代相传致使人类分衍成为若干具有明显体质差异的种族。法国的贝尼埃和瑞典的林奈早在1684年和1758年就对世界人类进行了人种划分，但是第一个用科学方法对人种进行研究的是德国哥廷根大学教授布卢门巴赫。他在1775年发表的《人种的自然起源》中，根据肤色、发质、身高等体质特征和原始分布区域，把人类划分为五个人种：美洲人种、高加索人种、蒙古人种、埃塞俄比亚人种、马来人种。这个划分其实是人种的地理分类。1800年，法国的居维叶把人类划分为三个人种：高加索人种、蒙古人种和尼罗格人种；1870年，英国的赫胥黎把人类划分为四个人种：高加索人种、蒙古人种、尼罗格人种和澳大利亚人种。1927年，当时任美国芝加哥大学教授的澳大利亚地理学家泰勒发表《环境与人种》，详述了气候、地形、水文等自然因素对人种的影响以及各人种的区域分布，有力地促进了人种地理学的建立。

百科加油站

猿，13种大型的高智能灵长目动物的总称。包括黑猩猩、大猩猩、长臂猿和猩猩。有人常把猿和猴相混淆，其实除了体型比猴大以外，猿还没有尾巴，并且猿的手臂比腿长。猿生活在亚、非的热带森林中。属于猿的各种动物在行为和生活方式上也有很多不同。

❍ 不同的人种

国家是怎么产生的

我们的国家叫中华人民共和国,美国的全称叫美利坚合众国。那么,国家是怎么产生的呢?

关于国家的产生,主要有这样三种观点:一是君权神授论;第二种是近代颇为流行的社会契约论;第三种观点则认为,国家是争权夺利的产物,这是最典型的马克思主义的看法。当社会处于原始社会末期的氏族社会阶段时,氏族成员之间休戚与共、完全平等,实行原始民主。但随着氏族之间的联合或兼并,氏族扩大为部落、部落联盟,原有的管理体系已难以适应新的形势;另一方面,随着私有制和阶级的出现,氏族成员之间的利益急剧分化,矛盾加剧,氏族社会原有的公共权力及其组织体系失去了权威性,社会面临解体。这时候,处于优势地位的一方(即奴隶主阶级)为了维护自己的利益,就创立了国家。实践表明,第三种观点是最符合历史的。

🔘 在西方,最早的国家形式是城邦。公元前3000年,苏美尔人就在两河流域建立了众多城邦,位于今天伊拉克穆盖伊尔的乌尔城就是其中之一。上图为乌尔城复原图。

🔘 巴比伦城是古巴比伦和新巴比伦的都城,约公元前3000年左右建成。上图为高大雄伟的巴比伦城门之一的伊什塔尔门。

四大文明古国是哪四国

四大文明古国指古代文明的发源地古巴比伦、古埃及、古印度和中国。这一说法,最早是由梁启超先生于1900年在《20世纪太平洋歌》中首次提出的。梁启超的说法来源于当时世界学术界公认的"四大文明发源地"。但遗憾的是,除中国之外,其他三个文明古国的文化已在地球上消失了,只留下一些历史痕迹。

为什么说"埃及是尼罗河的赠礼"

在非洲北部辽阔的沙漠上有一条绿色的"带子",这条带子就是世界闻名的尼罗河。它是非洲第一长河,也是世界上最长的河流之一,全长6670余千米。它由发源于乌干达维多利亚湖的白尼罗河、发源于埃塞俄比亚高原的青尼罗河,在苏丹首都喀土穆汇合之后流入埃及。从南到北纵贯埃及东部,在埃及境内一段长达1530千米,是具有舟楫、灌溉之利的重要的水利资源。世界四大文明古国之一的埃及,就是在尼罗河的哺育下,发展了其光辉灿烂的古文明。几千年来,尼罗河定期泛滥,带来了肥沃的淤泥,使尼罗河谷地和尼罗河三角洲变成了沙漠中一条生机勃勃的"绿色走廊"。因此古希腊历史学家希罗多德说:"埃及是尼罗河的赠礼。"

尼罗河是古埃及文明的源头,它给埃及带来了充沛的水源和肥沃的土地,也带来了生命和繁荣。

什么是"两河文明"

两河流域文明又称美索不达米亚文明或两河文明。是指在两河流域间的新月沃土(底格里斯河和幼发拉底河之间的美索不达米亚平原)所发展起来的文明,是西亚最早的文明。主要由苏美尔、阿卡德、巴比伦、亚述等文明组成。

两河文明

百科加油站

两河流域是世界上文明发展最早的地区:为世界发明了第一种文字——楔形文字;建造了第一个城市;编制了第一种法律;发明了第一个制陶器的陶轮;第一个制定了七天的周期;第一个阐述了创造世界和大洪水的神话。

古苏美尔人是如何发明楔形文字的

公元前4000年左右，在两河流域就有了最早的居民——苏美尔人，他们创造了灿烂的苏美尔文明。最能反映这种文明特征的是他们的文字——楔形文字，它是迄今为止被发现的最古老的文字之一，也是两河流域最主要的文化成就。最初，这种文字是图画文字，渐渐地，这种图画文字发展成苏美尔语的表意文字，把一个或几个符号组合起来，表示一个新的含义。随着文字的推广和普及，苏美尔人干脆用一个符号表示一个声音，后来又加了一些限定性的部首符号，这样，这种文字体系就基本完备了。苏美尔人用削成三角形尖头的芦苇秆或骨棒、木棒当笔，在潮湿的黏土制成的泥版上写字，字形自然形成楔形，所以这种文字被称为楔形文字。

⬆ 公元前2600年苏美尔人用楔形文字写的一份销售清单

是谁统一了两河流域并建立了古巴比伦王国

底格里斯河和幼发拉底河流域是人类文明发祥地之一。古希腊人称这一地区为"美索不达米亚"，意思是两河之间的土地。公元前3000年左右起，苏美尔人先后建立起一些奴隶制城邦，著名的有拉格什、乌尔等。苏美尔城邦出现后不久，在它的北面从叙利亚草原迁来的一支游牧部落阿卡德人，也建立了阿卡德等奴隶制城邦。在以后几百年时间里，苏美尔人和阿卡德人不断打仗，两河流域南部时而统一，时而分裂，直到汉穆拉比时，古巴比伦王国才统一两河流域。

⬆ 汉穆拉比

百科加油站

汉穆拉比，巴比伦第一王朝的第六代国王（公元前1792—前1750年在位），自称"月神的后裔"，是古巴比伦最伟大的国王。他制定的一部反映奴隶主统治阶级利益的法典《汉穆拉比法典》，为后人研究古巴比伦社会经济关系和西亚法律史提供了珍贵材料。汉穆拉比被后世誉为古代立法者，在世界历史上具有重要影响。

世界上第一部法典上面写了什么

《汉穆拉比法典》是古巴比伦第六代国王汉穆拉比约前1790年颁布的一部法律，被认为是世界上最早的一部比较系统的法典。法典全文用楔形文字铭刻，除序言和结语外，共有条文282条。汉穆拉比法典将人分为三种等级：①有公民权的自由民；②无公民权的自由民；③奴隶（包括王室奴隶、自由民所属奴隶、公民私人奴隶）。

➔《汉穆拉比法典》

是谁建立了新巴比伦王国

新巴比伦王国又称迦勒底王国，大约处于古代美索不达米亚南部，是古代西亚两河流域的奴隶制国家。是由居住在两河流域南部的迦勒底人首领那波帕拉萨于公元前626年所建立，公元前539年被波斯帝国灭亡。

亚述国王那西尔帕二世

亚述军事帝国是怎么形成的

在公元前8～前7世纪，亚述是阿拉伯的一个强大帝国，曾发动了一系列扩张性战争。亚述人把这种战争看作是"神"的旨意，是"神圣"的事业。亚述战争就是这"神圣"事业的突出表现。由于亚述处于特殊的被异族包围的地理环境，经常受到敌对民族进攻的威胁，加之国土、资源又非常有限，使亚述人养成了好战的习性。亚述那西尔帕二世（前883～前859年在位）曾攻占叙利亚，领土扩张到卡尔赫米什附近，兵临腓尼基海岸。其后继者萨尔玛那萨尔三世（前859～前824年在位）在位35年，发动了32次远征，两河流域北部和叙利亚地区的许多小国大都被征服。公元前8世纪下半期，扩张的规模远远超过了以往，终于形成庞大的军事帝国。

❓古埃及国家是怎样形成的　是谁统一了埃及

埃及的金字塔举世闻名，可是你对埃及的历史了解多少呢？大约在公元前3100年左右，上埃及提尼斯州的统治者美尼斯建立起埃及史上的第一个王朝。后来，美尼斯又在尼罗河三角洲的南端建立了新都，名曰"白城"，即以后的孟菲斯（至第三王朝时迁都至此）。从第一王朝开始，古代埃及的历史进入了一个新的时期，即早王朝时期。

⊙ 蝎王权头标。在这幅权标头上，法老王头戴埃及的白色王冠，拿着锄头正在开垦洪水退后的土地。

古代埃及的祭司和编年史家马涅托（约生活于公元前4世纪末）把自第一王朝起至公元前525年波斯帝国征服埃及这一段埃及古史，划分为26个王朝，再加上波斯统治时期（终于公元前332年马其顿国王亚历山大占领埃及）存在的五个王朝，共计31个王朝。在后来的史学中，又常把古埃及这31个王朝的历史划分为早王朝、古王国、中王国、新王国和后期埃及几个时期。关于谁统一了埃及，有两种说法：一是美尼斯是第一位统一埃及的君主，于公元前3000年左右统一上、下埃及，建立第一王朝，定都孟菲斯（今开罗西郊），发展农业，开发水利。二是那尔迈，古埃及第一王朝的首位法老，曾被认为是第一个统一埃及的国王。但根据已发现的有关蝎子王的文物（主要是蝎王权标）来看，蝎子王可能是最早统一埃及的国王。

百科加油站

古埃及是四大文明古国之一，典型的水力帝国，受宗教影响极大。举世闻名的金字塔就是古埃及人对永恒观念的一种崇拜的产物，也是法老王的陵墓。目前，埃及共有八十余座金字塔，其中最大的一座是胡夫金字塔。除了金字塔以外，狮身人面像、木乃伊也是埃及古老文明的象征。

⊂ 在耶拉孔波利斯，人们发现了一件王权标志物"那尔迈调色板"。在这幅那尔迈调色板的正背面，那尔迈王先后戴着上、下埃及的两种不同的王冠，显示他完成了埃及的统一。

古埃及"法老"是什么人

在我们中国，把古代的国王称为皇帝，可是在古埃及，人们怎么叫他呢？他们把最高统治者叫"法老"。古埃及的法老是神的化身，法老不仅具有行政最高权力，还是最高祭司和被崇拜的对象。对于其不同的身份，法老通常选择不同的称谓（即王衔），以便表明其崇高的地位。古埃及历史上法老一般有五个称谓，分别是荷鲁斯名、两女神名、金荷鲁斯名、登基名和原名。法老这一系列的王衔最晚开始于埃及第五王朝中期。

⚲ 金字塔是法老的陵墓

图坦卡蒙墓中有什么

图坦卡蒙是古埃及新王国时期第十八王朝的法老。他原来的名字叫"图坦卡吞"，意思是"阿吞"的形象，后改为图坦卡蒙，意思是"阿蒙"的形象，说明他的信仰从崇拜阿吞神向崇拜阿蒙神转变。图坦卡蒙9岁君临天下，19岁暴亡，死因曾一度悬于谋杀。图坦卡蒙并不是在古埃及历史上功绩最为卓著的法老，但因数千年后其古墓曝光于世，使他成为最著名的法老之一。图坦卡蒙广为现代人熟知的原因是由于他的坟墓在三千年的时间内从未被盗，直到1922年才被英国人霍华德·卡特(Howard Carter，英国考古学家和埃及学先驱)发现，挖掘出了大量珍宝，震惊了西方世界。由于有几个最早进入坟墓的人因各种原因早死，被当时的媒体大肆渲染成"法老的诅咒"，使得图坦卡蒙的名字在西方更为家喻户晓。

⚲ 图坦卡蒙的黄金面具

？你听说过神秘的米诺斯迷宫的故事吗

1900年，英国考古学家阿瑟·埃文斯爵士来到克里特岛进行考古发掘。经过几年的考古发掘和考古研究，他们在岛上发现了好几座古城的遗址，还有大批的文物。埃文斯爵士证明：米诺斯王国确实存在过。

米诺斯王宫壁画

考古学家挖掘出了一座王宫的废墟。这座王宫占地两公顷，坐落在高山与绿水之间的一座小山上。宫殿共有3层，还有地下室。宫中大小房屋共有几百间，均由迂回曲折的廊道连接。整座王宫结构精巧复杂，建筑水平实属罕见。考古学家似乎发现了米诺斯迷宫。因此，学者们认为，这无疑就是传说中的米诺斯的双斧宫。对此，人们是深信不疑的，因为在宫殿的废墟中还发现了双斧的标志和其他一些与传说相符的文物。

埃文斯发现米诺斯迷宫缺乏围墙等防御工事和武器，这令人意外。但里面大量刻有自然花纹的陶器，还有壁画——画面上的人物有男有女，他们在奏乐、跳舞、参加仪式和进行很危险的骑牛跳跃运动。这些壁画虽历经数千年之久，色彩依然鲜艳如初，真让人不可思议。宫殿的壁画上绘有一群群女子在参加各种露天仪式，表明女子在宗教中的支配地位。因此，专家们认为，当时在克里特岛实行的是母权制。米诺斯人的典型形象是富有的农民、成熟的艺术家和先进的手工艺人。他们与隔海相望的人们交换商品，在豪华的宫殿和别墅里过着和平的生活。

百科加油站

古希腊是西方文明的源头，持续了约650年（公元前800年～前146年）。它位于欧洲南部，地中海的东北部，包括今巴尔干半岛南部、小亚细亚半岛西岸和爱琴海中的许多小岛。

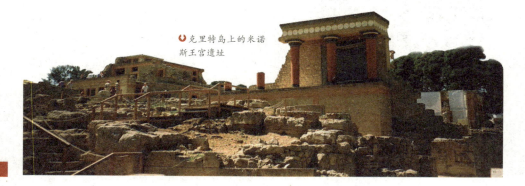

克里特岛上的米诺斯王宫遗址

紫红色国度是指哪个王国

"腓尼基"是古代希腊语，意思是"紫红色的国度"。原来，在当时的埃及、巴比伦以及希腊，贵族和僧侣都喜欢穿紫红色的袍子，可是，这种颜色很容易褪去。他们注意到，居住在地中海东岸的一些人总是穿着鲜亮的紫红色衣服，似乎他们的衣服总也不会褪色，即使衣服穿破了，颜色也跟新的时候一样。所以大家把地中海东岸的这些居民，即腓尼基人，叫做"紫红色的人"。腓尼基人最著名的事迹，是发达的海上贸易和殖民事业。腓尼基人的商船自埃及第六王朝起就已遍布地中海，到了公元前1200年左右埃及的力量式微的时候，腓尼基逐渐成为地中海的霸主。后来

◎腓尼基人胸像

他们退到濒临地中海的北非，建立了迦太基国，成为当时首屈一指的经济大国。之后罗马对他们发动了第三次战争，迦太基终于灭亡。

印度河文明为什么又称哈拉帕文明

印度河流域青铜时代的城市文化，亦称哈拉帕文化。因其主要城市遗址哈拉帕得名。这种文化以印度河流域为中心，故称之为印度河流域文明。其存在年代约为公元前2350~前1750年。印度河流域文明覆盖的范围很广：西起苏特克根·多尔，东达阿拉姆吉尔普尔；北起罗帕尔，南至巴格特拉尔。东西长约1550千米，南北长约1100千米。

是谁毁灭了古希腊的迈锡尼文明

迈锡尼文明是希腊青铜时代晚期的文明，它是因伯罗奔尼撒半岛的迈锡尼城而得名。关于迈锡尼文明的毁灭有两种理论：第一种，将迈锡尼城市的摧毁归因于入侵者。第二种，认为迈锡尼文明的陨落源于社会内部冲突。

◎迈锡尼文明遗址

古印度的"种姓制度"是怎么回事

种姓制度是印度与其他南亚地区普遍存在的社会体系。种姓制度以婆罗门为中心，划分出许多以职业为基础的内婚制群体，即种姓。各种姓依所居地区不同而划分成许多次种姓，这些次种姓内部再依所居聚落不同分成许多聚落种姓，这些聚落种姓最后再分成行不同行外婚制的氏族。如此层层相扣，整合成一套散布于整个印度次大陆的社会体系。因此，种姓制度涵盖印度社会绝大多数的群体，并与印度的社会体系、宇宙观、宗教与人际关系息息相关，可以说是传统印度最重要的社会制度与规范。

婆罗门

刹帝利

吠舍

首陀罗

⊃ 印度的种姓制度将人化分为以婆罗门为首的四种不同的等级阶层

阿拉伯数字是阿拉伯人发明的吗

阿拉伯数字 0、1、2、3、4、5、6、7、8、9 是数学的基础。但是阿拉伯数字并不是阿拉伯人发明创造的，而是古印度人发明的。只是后来，由于这套数字被阿拉伯人吸收、采纳，并加以改进，传到了西方。当时，欧洲人在计数时使用的是冗长的罗马数字，十分不便。当简单明了的印度数字通过阿拉伯人一传到欧洲，就受到了欢迎，于是西方人便将这些数字称为"阿拉伯数字"。

金字塔是谁修建的

金字塔是谁如何修建成的呢？这是考古学界的千古之谜。古希腊历史学家希罗多德对古埃及进行了详细研究，认为建造金字塔的巨石是从尼罗河东岸的"阿拉伯山"上开采来的。他还详细描述了金字塔的修建过程。2000 年，法国化学家戴维杜维斯打破常规，提出了惊人见解，认为是由人工用贝壳石灰石再加上其他矿物质浇铸而成的。还有人认为金字塔并非古埃及人所建，而是由另一种文明所建。还有人认为金字塔是由亚特兰蒂斯岛人建造的。这些传说虽然能部分解释金字塔的修建之谜，但都不能完全令人信服。那么金字塔到底是不是埃及人修建的，还有待于考古学家进一步考证。

⊃ 建造金字塔想象图

古埃及人为什么将死者制成"木乃伊"

木乃伊

有人认为,最主要的原因是因为古埃及人相信"来世永生"。据推测,从旧石器时代开始,埃及人就恐惧死亡。相信来世的存在或多或少能摆脱这种恐惧。因此,当时的人们在埋葬死者时就进行了精心的准备。进入法老时代,由于社会的贫富差距日益扩大,等级制度逐渐森严,人们对美好来世的向往就更加迫切,进而形成了对死者尸体的崇拜。他们认为,如果以可辨认的形式保存死者的尸体,人身上的精灵,也就是我们常说的"灵魂",就会重新回到死者的躯体,所以为了使死者能继续在来世更好地生活,就必须把尸体完好保存。

为什么要建造狮身人面像

在雄伟的埃及金字塔群中,哈夫拉金字塔有一个特别之处,那就是在它旁边,拥有举世闻名的狮身人面像。这个狮身人面像就是传说中的斯芬克司。狮身人面像坐西向东,蹲伏在哈夫拉的陵墓旁。在哈夫拉雕像的后脑部,是一只鹰的形象。为什么哈夫拉要把自己凿成这样一个神怪形象呢?原来,约在公元前2600年,哈夫拉在巡视自己的陵墓工程时,看到一块剩余的巨石,吩咐工匠为他雕凿一尊石像。工匠别出心裁地凿了一头狮子,而以哈夫拉的面像作为狮子的头。哈夫拉希望自己死后能成为太阳神,也为了保持死后的权威不灭,因此同意用这样一个具有象征性的狮身人面像,来守护陵墓的门户。

百科加油站

传说天后赫拉派斯芬克司坐在忒拜城附近的悬崖上,拦住过往的路人,用缪斯所传授的谜语问他们,猜不中者就会被它吃掉。后来,俄狄浦斯猜中了正确答案,斯芬克司羞愧万分,跳崖而死(一说为被俄狄浦斯所杀)。

狮身人面像

犹太教是怎么形成的

犹太教是最早而且最古老的宗教之一。犹太教的主要诫命与教义，来自托拉（托辣）。托拉广义上指上帝启示给以色列人的真义，亦指上帝启示给人类的教导与指引。狭义上指《旧约》的首五卷。犹太教是如何形成的呢？大约3800年前，当美索不达米亚文明已经趋于衰败时，一位名叫亚伯拉罕的人以及他的生子以撒，以撒生子雅各为犹太教的创立打下了基础。他们就是通常所说的犹太人的列祖，也是犹太教的最早奠基人。500年后摩西在西奈山领受上帝赐予的法律，并确认以色列人和上帝之间的牢不可破的契约关系，这就标志着犹太教的正式形成。

◯ 米开朗琪罗的雕塑作品《摩西像》

百科加油站

犹太教灯台是犹太人一个最古旧的标志，它有七个分支，象征摩西在西奈山看到灼烧的灌木。灯台是犹太假日再显圣殿节的相关标志。在耶路撒冷圣殿被破坏以后，剩下的灯油只够灯台烧一天。神奇的是，灯油足足烧了八天并有足够时间得到新油和重建寺庙。

为什么把《荷马史诗》所表现的时代称为"英雄时代"

《荷马史诗》相传是由古希腊盲诗人荷马创作的两部长篇史诗《伊利亚特》和《奥德赛》的统称。两部史诗都分成24卷，不仅反映了公元前11世纪到公元前9世纪的社会情况，而且反映了迈锡尼文明。《荷马史诗》不仅具有文学艺术上的重要价值，它在历史、地理、考古学和民俗学方面也提供给后世很多值得研究的东西。公元前11世纪到公元前9世纪的希腊史称"荷马时代"，荷马史诗主要描写的是英雄人物，所以荷马时代又称"英雄时代"。

◯ 荷马在乡间吟唱史诗

为什么会发生特洛伊战争

为什么会发生特洛伊战争？一般的说法是为了争夺一个名叫海伦的绝世美女。特洛伊国王普里阿摩(Priam)的次子帕里斯(Paris)访问斯巴达城邦时，和宙斯的女儿、斯巴达国王梅纳雷阿斯(Menelaos)的妻子海伦(Helen)相恋，结果帕里斯将海伦带回特洛伊，这对希腊人而言，简直是奇耻大辱。为了一泄心中之恨及夺回海伦，希腊人便在阿伽门农率领之下，组织了一支10万人的船队开到特洛伊，展开了围困特洛伊城10年的大战。真的是为了一个绝世美女导致特洛伊城灭亡吗？现代有些历史学家有了不同的看法。近代历史学者认为特洛伊战争的起因是经济的因素。因为当时希腊和小亚细亚为了商业利益，争夺控制黑海贸易的咽喉达达尼尔海峡，最后不得不以兵戎相见。只是在人们所记载的有关此战争的原因中，争夺海伦成为世人对这段历史最深刻的记忆。这种结果正是希腊神话的迷人之处，说明特洛伊战争的神话已深入人们脑海之中，与此相比较，战争的政治、经济因素似乎显得微不足道。

◑ 希腊神话中海伦有着美艳的容貌，令帕里斯坠入了爱河，全然不顾特洛伊城即将到来的灾难。

◑ 木马计

为什么说所罗门是智慧的化身

所罗门王是犹太民族历史上最伟大的君王，也是世界上最传奇的君王。据《圣经》记载，所罗门在20岁登基后，他在梦中向上帝祈求智慧，上帝不仅赐给他无比的智慧，还赐给他无尽的荣耀、财富以及美德。从此，所罗门靠智慧征服了国人的心，特别是《智断亲子案》等故事显示了他智慧的力量。

所罗门王创造的巨大财富，在当时是前所未有的，也是无与伦比的；他建造了著名的犹太教圣殿，迎回了上帝存放圣谕的"金约柜"；他大搞经济建设和城市建筑，修筑了豪华的王宫和坚固的城墙；他建立了两支舰队，派到海外去大力发展商业；他组建强大的海军，不仅进行远征扩张，还出海寻求发展本国贸易；他还拥有美好的爱情，他与示巴女王甜蜜浪漫的恋情传为千古佳话。所以，所罗门被称为智慧的化身。

🔴 中世纪描绘的所罗门与示巴女王

斯巴达人为什么特别尚武

历史长河中，真正以尚武而为人所知的只有六支队伍。而其中最早又最为人所畏惧的莫过于勇猛善斗的斯巴达人。斯巴达人，不管男人、女人、老人、孩子，他们所有人一生的命运都牢牢地和战争和争斗紧紧相连。不管命运如何残忍，不管对手如何强大，不管自己还剩多少勇士，斯巴达人信仰光荣的死亡是整个人生最美丽、最绚烂的乐章。甚至他们将死亡当做一种图腾、一种灵魂和情绪无法割舍的希冀。每一个斯巴达母亲在儿子成年之后将要步出家门时，总要送给儿子一面家庭荣誉传承的盾牌，并严肃地告诉他："要么高举盾牌胜利归来，要么躺在盾牌之上，像斯巴达人那样战死。"

🔴 斯巴达人从小就要接受残酷的体育锻炼。斯巴达人还鼓励女孩通过当众羞辱男性，以及批评他们的训练来帮助他们。

"空中花园"真是悬在空中吗

空中花园，是古代世界七大奇迹之一，又称悬园。前6世纪，新巴比伦王国尼布甲尼撒二世（Nebuchadnezzar）在巴比伦城为其患思乡病的王妃安美依迪丝（Amyitis）而修建。现已不存。空中花园据说采用立体造园手法，将花园放在四层平台之上，由沥青及砖块建成，平台由25米高的柱子支撑，并且有灌溉系统，奴隶不停地推动系着齿轮的把手。园中种植各种花草树木，远看犹如花园悬在半空中。

↑ 空中花园

居鲁士为什么宣称自己是"宇宙四方之王"

公元前558年，居鲁士成为波斯首领，他举起了反抗米底的大旗。公元前550年，阿斯提亚格斯兵败被俘，米底灭亡。由此居鲁士正式建立波斯帝国，开始了帝国辉煌的征程。这位足智多谋的国王，几十年内不但灭了米底、吕底亚、新巴比伦三大王国，还使犹太、腓尼基、地中海东岸至中亚的广阔地区臣服于他脚下。在迁都巴比伦之时，这位伟大的君主便自豪地宣称自己是"宇宙四方之王"。

↑ 居鲁士释放了以色列人，还出资让其重建耶路撒冷及圣殿。以色列人欣喜若狂。

百科加油站

居鲁士大帝是古代波斯帝国的缔造者，是波斯皇帝。他从伊朗西南部的一个小首领起家，经过一系列的战斗，打败了3个帝国，即米底、吕底亚和新巴比伦，统一了大部分的古中东，建立了从印度到地中海的大帝国。今天，伊朗人将居鲁士尊称为"国父"。

梭伦是怎样进行改革的

梭伦（约前638年～约前559年），生于雅典，出身于没落的贵族。他年轻时一面经商，一面游历，到过许多地方，漫游名胜古迹，考察社会风情。梭伦是古代雅典的政治家、立法者、诗人，是古希腊"七贤"之一。他在诗歌方面也有成就，诗作主要是赞颂雅典城邦及法律的。他是古希腊最杰出的政治家之一。公元前594年，梭伦担任了雅典首席执政官，制定法律，开始推行改革，史称"梭伦改革"。梭伦的改革措施是多方面的，其中有：他为了防止

○ 梭伦像

自由的雅典人重新沦为奴隶，下令禁止缔结以人身作抵押的债务契约；规定了个人所能占有土地的最大数额；将公民按地产和收入分为四个阶级，所有的阶级均有在人民大会上发言和投票的权利；一切管理者都在人民大会直接选出，并作关于自己活动的报告；一切法律在人民大会上制定；所有四个阶级都有在新的军队服役的义务；第一、二阶级提供骑兵，第三阶级提供重装兵，最贫困的第四阶级提供不穿甲胄的轻装兵或在海军中服役，还可以领到饷银；……梭伦改革的伟大之处在于，他提出了"公正"这一观念。雅典人民不负历史的厚爱，在梭伦之后二百年间，不断完善着公正的观念，创造了政治、经济、哲学、艺术、科技全面繁荣的希腊文明。

○ 梭伦改革为雅典城邦的振兴与富强开辟了道路，奠定了城邦民主政治的基础。上图为雅典卫城遗址。

谁领导雅典进入"黄金时代"

公元前5世纪,伯里克利主政,雅典民主政治最终确立并达到顶峰,被称为雅典民主政治的"黄金时代"。伯里克利时代民主政治的主要表现:①所有成年男性公民可以担任几乎一切官职。他们也都可以参加公民大会,商定城邦重大事务。②公民大会是立法机关和最高权力机关。③五百人议事会(各部落轮流执政)是公民大会常设机构,闭会期间处理日常事务,职能也进一步扩大。④陪审法庭成为最高司法与监察机关。⑤为鼓励公民积极参政,向担任公职和参加政治活动的公民发放工资。为吸引公民观赏戏剧,还特意为公民发放"观剧津贴"。

○ 伯里克利
雕像

孔雀王朝是怎么回事

孔雀王朝是古代印度摩揭陀国最著名的奴隶制王朝。因其创建者旃陀罗笈多出身于孔雀家族而得名。阿育王在位期间,孔雀王朝兴盛起来。南亚次大陆除极南端一部分外,全部归于孔雀王朝的版图之内。首都为华氏城(今巴特那)。阿育王统治下的孔雀帝国,是一个君主专制的国家,阿育王本人在行政、军事、司法等方面都有绝对的权威。全国分为若干行省。行省总督通常由王子担任,但行省内部仍有着许多保持自治或半独立的部落,孔雀帝国还不是一个高度中央集权的国家。孔雀王朝作为第一个基本统一印度的政权,它也成为激励后世无数雄心勃勃的枭雄去奋斗的目标。

○ 孔雀王朝的建立者旃陀罗笈多

佛教的创始人是谁

佛教的创始人释迦牟尼，他出生于古印度迦毗罗卫（今尼泊尔国南部的释迦族）。释迦牟尼意为释迦族的圣人。姓乔达摩（也译瞿昙），原名悉达多，佛教徒称之为"佛"或"佛陀"，意为觉悟者，达到觉悟的人。释迦牟尼出身于刹帝利种姓。从8岁起学习吠陀、武艺，17岁娶妻，生有一子。29岁时因感于人生无常，要求摆脱生死苦恼而出家。出家后先跟数论先驱学习禅定，又修行了6年苦行，但认为这样做都达不到解脱，便到王舍城外尼连禅河畔的一棵菩提树下坐禅。经七天七夜，对人生和解脱问题进行思考，达到"觉悟"。他35岁创立了最早的佛教僧团。直到80岁去世，他在45年的时间内，在恒河中上游一带传教，使佛教传播范围不断扩大，影响也越来越大。

❶ 释迦牟尼在菩提树下悟道

百科加油站

佛教与基督教、伊斯兰教并称世界三大宗教。佛教是佛陀的教育。佛教在历史上曾对世界文化传播作出了不可磨灭的贡献，至今依然深深地影响着世界上的很多人。

❶ 西班牙画家委拉斯开兹笔下的伊索像

《伊索寓言》是伊索写的吗

你知道吗？我们耳熟能详的故事《狼和小羊》《农夫和蛇》就出自《伊索寓言》。《伊索寓言》原书名为《埃索波斯故事集成》，是古希腊民间流传的讽喻故事，经后人加工，成为现在流传的《伊索寓言》。相传其中故事是一名埃塞俄比亚黑人奴隶所作，"伊索"即是"埃塞俄"的谐音。从作品来看，可以看作是古希腊人在相当长的历史时期内的集体创作。伊索，可能是其中的一位重要作者。《伊索寓言》是世界上最早的一部寓言故事集。

⁇ 谁被称为"铁血大帝"

大流士一世（前522～前486年在位）是波斯皇帝。他在继位之后不到一年的时间里，先后打了十八次大战役，以各个击破的策略，铲除了八大割据势力，偌大的波斯帝国重归一统。大流士功成身就，踌躇满志，并巡行各地。在巡行至一个叫贝希斯敦的小村庄时，他让人在附近的石壁上刻上了著名的《贝希斯敦铭文》，为自己歌功颂德，以便流芳百世。他自称为"王中之王，诸国之王"，后人尊称为"铁血大帝"。

⬆ 大流士一世

⁇ 希波战争是怎样爆发的

公元前5世纪初，波斯帝国消灭了吕底亚，并乘机进攻位于小亚细亚的希腊城邦。其首个目标为依阿尼亚地区的各个希腊城邦，依阿尼亚地区的经济甚为发达，其政治亦为较先进的民主制。波斯国王便向依阿尼亚地区各希腊城邦提出要其改民主制为君主制的不合理要求。依阿尼亚诸城邦无法接受，于是便以米利都为首，进行抵抗波斯侵略的运动。米利都自知不能抵抗波斯，因此便向斯巴达求援，但斯巴达却拒不出兵，反而是雅典及埃维厄两城邦出兵援救。两城邦虽然派出大批士兵及军舰援救，但在坚持数年后，仍然不敌波斯大军，在公元前494年，波斯完全征服了依阿尼亚地区。

⭕ 绘于前5世纪的陶杯上的希腊重装步兵与波斯战士的战斗

马拉松长跑运动是怎么来的

马拉松赛是一项长跑比赛项目,其距离为42.195千米。这个比赛项目的距离为什么不是整数呢?这要从公元前490年9月12日发生的一场战役讲起。这场战役是波斯人和雅典人在离雅典不远的马拉松海边展开的,雅典人最终获得了反侵略的胜利。为了让故乡人民尽快知道胜利的喜讯,统帅米勒狄派一个叫菲迪皮茨的士兵回去报信。菲迪皮得斯是个有名的"飞毛腿",为了让故乡人尽早知道好消息,他一个劲地快跑,当他跑到雅典时,已喘不过气来,只说了一句:"我们胜利了!"就倒在地上即死。为了纪念这一事件,在1896年举行的现代第一届奥林匹克运动会上,设立了马拉松赛跑这个项目,把当年菲迪皮茨送信跑的里程——42.195千米作为赛跑的距离。

● 菲迪皮茨

温泉关血战是怎么回事

公元前492年~前490年,波斯军两次远征希腊,均遭失败,但并未就此罢休。新即位的国王薛西斯一世继承先王的遗志,积极扩军备战,准备更大规模的远征。希腊人为抗击波斯再次入侵,于公元前481年结成以斯巴达和雅典为首的30多个城邦参加的军事同盟,推举拥有强大陆军的斯巴达为盟主,组建希腊联军。最后,斯巴达人在波斯军的前后夹击之下浴血奋战后全部壮烈牺牲,以自己的生命掩护了希腊联军主力的撤退。波斯军以损失2万人的代价才攻破温泉关。

● 温泉关战役

奥林匹克运动是如何起源的

奥林匹克运动是如何起源的？一种传说：古代奥林匹克运动会是为祭祀宙斯而定期举行的体育竞技活动。另一种传说与宙斯的儿子赫拉克勒斯有关。赫拉克勒斯因力大无比获"大力神"的美称。他在伊利斯城邦完成了常人无法完成的任务：不到半天工夫便扫干净了国王堆满牛粪的牛棚。但国王不想履行赠送300头牛的许诺，赫拉克勒斯一气之下赶走了国王。为了庆祝胜利，他在奥林匹克举行了运动会。关于古奥运会起源流传最广的是佩洛普斯娶亲的故事。古希腊伊利斯国王为了给自己的女儿挑选一个文武双全的驸马，提出应选者必须和自己比赛战车。比赛中，先后有13个青年丧生于国王的长矛之下，而第14个青年正是宙斯的孙子和公主的心上人佩洛普斯。在爱情的鼓舞下，他勇敢地接受了国王的挑战，终于以智取胜。为了庆贺这一胜利，佩洛普斯与公主在奥林匹亚的宙斯庙前举行盛大的婚礼。其间安排了战车、角斗等项比赛，这就是最初的古奥运会，佩洛普斯成了传说中古奥运会的创始人。奥运会的起源，实际上与古希腊的社会情况有着密切的关系。古奥运会的比赛项目也带有明显的军事烙印。连续不断的战事使人民感到厌恶，人们普遍渴望能有一个赖以休养生息的和平环境。于是，为准备兵源的军事训练和体育竞技，逐渐变为和平与友谊的运动会。

❶赫拉克勒斯雕像

> **百科加油站**
> 皮埃尔·德·顾拜旦(1863～1937)，法国著名教育家、国际体育活动家、教育学家和历史学家、现代奥林匹克运动的发起人，被国际上誉为"奥林匹克之父"。

❶古希腊运动会的各种竞技比赛项目瓶画

? "母狼乳婴"的故事是真的吗

关于罗马的来历，有着一段美丽的传说，这就是著名的"母狼乳婴"的故事。相传公元前8～前7世纪，罗马国王被其胞弟阿穆里乌斯篡位驱逐，其子被杀死，女儿西尔维娅与战神马尔斯结合，婚后生下一对孪生兄弟。叔叔得知此事后，怒不可遏，处死了西尔维娅，并下令将孪生兄弟放入篮筐扔进台伯河里淹死。谁知篮筐不但没有沉没，而且漂到河边，一只母狼将两个孩子衔走，并用狼奶喂养，后来他们被一位猎人拾去抚养。两兄弟长大成人后，智勇双全，力大无穷，终于杀死了阿穆里乌斯，为母报仇雪恨。兄弟俩在众人帮助下，在母狼喂养他们的台伯河畔大兴土木，建起一座城市，并以他们的名字"罗慕洛"命名，后来慢慢演化成"罗马"这个名称。今天罗马的城徽图案就是"母狼乳婴"。在罗马博物馆里，陈列着一只母狼陪伴着两个男孩的铜雕。

❶ 罗马的来历——《母狼乳婴》雕塑

这只是个传说，但却美丽而动人。

? 古希腊三大哲学家是谁

古希腊三大哲学家是苏格拉底、柏拉图、亚里士多德。苏格拉底（公元前469～前399)出身于平民家庭，是一位主观唯心主义者，是西方哲学史上第一位将集中于对物质环境与自然现象的理论探究转入对人生事务、道德问题及人伦问题研究的哲学家。柏拉图（公元前427～前347)出身于雅典贵族，青年时师从苏格拉底。他一生著述颇丰，其教学思想主要集中在《理想国》和《法律篇》中。亚里士多德（公元前384～前322)是古希腊著名的哲学家、科学家和教育家，被马克思誉为"古代最伟大的思想家"。

> **百科加油站**
>
> 亚里士多德对世界的贡献之大，令人震惊。他至少撰写了170种著作，其中流传下来的有47种。当然，仅以数字衡量是远远不够的，更为重要的是他渊博的学识令人折服。

❶ 古希腊三大哲学家：苏格拉底、柏拉图、亚里士多德(从左到右)。

苏格拉底为什么被判处死刑

苏格拉底是古希腊著名思想家、哲学家、教育家，被后世公认为西方哲学的奠基者。公元前399年，他被人控告有罪，罪名主要有两项：不敬城邦所敬的诸神而引进了新神，并败坏了青年。朋友们打算营救他逃离雅典，但他拒绝了。他认为自己必须遵守雅典的法律，因为他和国家之间有神圣的契约，他不能违背，所以他十分自觉地接受了死刑，终年70岁。

⚓ 苏格拉底亲手接过了毒药杯，选择了死亡。

毕达哥拉斯的数学成就有哪些

毕达哥拉斯是古希腊数学家、哲学家。在实用数学方面，它使得算术成为可能。毕达哥拉斯本人以发现勾股定理(西方称毕达哥拉斯定理)著称于世。这定理早已为巴比伦人和中国人所知，不过最早的证明大概可归功于毕达哥拉斯。他是用演绎法证明了直角三角形斜边平方等于两直角边平方之和，即毕达哥拉斯定理(勾股定理)。

毕达哥拉斯还对数论做了许多研究，将自然数区分为奇数、偶数、素数、完全数、平方数、三角数和五角数等。

⚓ 毕达哥拉斯在向人们证明勾股定理

❓ 亚历山大帝国为什么能够迅速崛起

公元前359年，腓力普二世成为马其顿国王。腓力普是一位杰出的政治家和军事家。他高瞻远瞩，雄心勃勃，为了结束希腊各国的内战，实现统一，建立一个马其顿领衔的大帝国，他采取措施着手克服存在的障碍。一，以重金聘请希腊知名人士到马其顿讲学。二，采纳雅典著名学者、演说家伊索克拉底"泛希腊主义"理念，号召希腊人停止自相残杀，团结在一位强有力的统帅周围，同仇敌忾向波斯帝国开战——征服亚洲以后，大量殖民，以解决希腊贫民没有出路的社会问题。通过以上措施，马其顿得以迅速崛起。

○ 马其顿国王腓力普二世

❓ 谁被尊为"数学之神"

○ 阿基米德

阿基米德在数学上有着极为光辉灿烂的成就。尽管阿基米德流传至今的著作只有十来部，但多数是几何著作，这对于推动数学的发展，起着决定性的作用。代表作品《沙粒计算》《圆的测量》《球与圆柱》《抛物线求积法》《论螺线》《论锥体与球体》等。正因为他的杰出贡献被尊为"数学之神"。

❓ 希腊城邦之间为什么会发生伯罗奔尼撒战争

在经济方面，雅典与伯罗奔尼撒同盟中工商业比较发达的城邦，尤其与科林斯有着尖锐的矛盾。在政治方面，雅典的民主政治和斯巴达的贵族政治是两种政权形式的代表。为了争夺希腊，早在公元前459年~前445年，雅典和科林斯、厄齐那、斯巴达就发生过战争。这次战争是伯罗奔尼撒战争的序幕，它以双方缔结30年和约而结束。这个和约只是暂时的妥协，并未消除敌对双方的根本矛盾。不久，双方又大打起来，正式开始了伯罗奔尼撒战争。

○ 斯巴达战士的雕像

埃及为什么会进入托勒密王朝

公元前323年亚历山大死去，托勒密成为埃及的实际统治者。后与亚历山大的其他部将互相混战，最终领首埃及。公元前305年，托勒密正式称王，为托勒密一世。托勒密王朝一裔中兄妹或姊弟通婚很多。其中最后的女王克利奥帕特拉七世是最为后世所知的埃及艳后。此后的君主是女王克利奥帕特拉七世和其儿子托勒密十五世。这些王朝的诸位君主都被埃及历史上认为是法老。

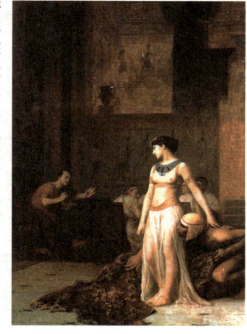

⏺ 托勒密王朝的最后一位女王克利奥帕特拉七世为保护埃及免受罗马帝国吞并，将自己献给了恺撒，但是埃及最终还是走向了灭亡。

为什么说阿育王对佛教的贡献很大

阿育王是古代印度摩揭陀王国孔雀王朝的第三代国王，他在位期间推行"正法"。要求人们节制欲望，清净内心，不杀生，不妄语，多施舍，服从并维护社会等级制度，尊敬父母、尊长，尊宗教导师。经常派遣"正法大官"到各处巡视，并推行了一些公益事业。据说他在帝国境内共修建了84 000座佛舍利塔，并且多次对佛教僧团施舍大量的土地与财物，对佛教作出了很大的贡献。

⏺ 阿育王石柱是阿育王为铭记征略，弘扬佛法敕建的纪念碑式的圆柱。

百科加油站

阿育王又称无忧王，约前304年～前232年）。是印度孔雀王朝的第三代君主，频头娑罗王之子，是印度历史上最伟大的一位君王。

谁是迦太基历史上最有名的军事家

迦太基历史上最有名的军事家是汉尼拔·巴卡（前247年～前182年）。他年少时随父亲哈米尔卡·巴卡进军西班牙，并在父亲面前发下一生的誓言：终生与古罗马为敌。因其自小接受严格和艰苦的军事锻炼，所以在军事及外交活动上均有卓越表现。现仍为许多军事学家所研究之重要军事战略家之一。

著名的罗塞塔石碑上面写着什么

罗塞塔石碑（也译作罗塞达碑），高1.14米，宽0.73米，制作于公元前196年，刻有埃及国王托勒密五世诏书。石碑上用希腊文字、古埃及文字和当时的通俗体文字刻了同样的内容，这使得近代的考古学家得以有机会对照各语言版本的内容，解读出已经失传千余年的埃及象形文之意义与结构，因而成为今日研究古埃及历史的重要里程碑。罗塞塔石碑最早是在1799年时由法军上尉皮耶·佛罕索瓦·札维耶·布夏贺在埃及港湾城市罗塞塔发现，但在英法两国的战争之中辗转到英国人手中。自1802年起保存于大英博物馆中并公开展示。

⊃ 罗塞塔石碑上因为刻有同一段文字的三种不同语言版本，近代的考古学家通过相互对照解读出已经失传千余年的埃及象形文之意义与结构，这对研究古埃及历史有着非常重要的意义。

❓ 格拉古为什么要进行改革

格拉古，亦作提比略·格拉古，古罗马政治家，平民派领袖。常与其弟盖约·格拉古合称为格拉古兄弟。作为平民派保民官，他发起了一场旨在将贵族及大地主多得的地产分给平民的改革。

当时，罗马内部的政局并不平静。由于近百年的连年战争，特别是第二次布匿战争期间汉尼拔在意大利的肆虐，导致占罗马兵源主体的自耕农们要么死于战火，要么因长期征战，无暇顾及自家田地，小农们纷纷破产，变为无地者。同时，破产者的田地以及被征服地区的土地往往被贵族和大地主兼并或者以很低廉的价格收购。罗马共和国早期占主体的众多家庭小型农场逐渐被拥有大量奴隶的大庄园取代。当士兵们从战场上退役归来后，他们已经无处可去。因此，他们大量涌入罗马城，整天无所事事，四处闲逛。根据普鲁塔克的记载："于是，那些被从自己土地上驱逐的穷人们对服役和养育子女没有任何兴趣，因而整个意大利都能感受到自由者

🔵 罗马王政时代倾覆后，罗马政治转入共和体制，由贵族中选举产生的两名执政官取代了国王。他们掌握国家最高行政、军事权力，并有召集元老院会议和百人团会议之权。

缺乏。富人们将自由的公民驱逐出去以后，引入了大量外国奴隶来帮助其耕种他们的庄园。"由于当时参军者必须具有罗马公民权，且拥有一定数量的财产，故此，罗马军队的兵源逐渐枯竭，公民兵制的基础遭到严重破坏，军队实力也大受打击。在此背景下，格拉古进行了改革。

🔵 左图为描绘提比略·格拉古之死的漫画。提比略·格拉古的改革触怒了元老们，被元老们用木棍和板凳活活打死。

➡️ 百科加油站

由于提比略·格拉古的土地改革触动了贵族尤其是元老院的利益，再加上他剥夺元老院特权以及对同僚的倾轧等行为，最终导致其死于元老院的保守势力支持者。

? "埃及艳后"是自杀的吗

在埃及，几乎无人不识克利奥帕特拉七世。她常像诡异壮观的金字塔群一样为众人所津津乐道。这不单得益于她沉鱼落雁、闭月羞花般的容貌和维纳斯般的身段，更得益于她那富有传奇色彩的一生及至今不为

◐ 克利奥帕特拉七世之死

人知的死亡之谜。那么她究竟是用何种方法自寻死路的呢？大多数人认为，女王安排提前将藏有一条叫"阿斯善"的小毒蛇的盛满无花果的篮子带进墓中，再让小毒蛇咬伤自己的手臂，因中毒昏迷而死亡。或者是，女王早就在花瓶里喂养了毒蛇，然后用一支金簪在蛇的身体上刺，引它发狂，直到把她的手臂缠住。女王的医生证明："她的手臂上，的确有两个不是很明显的疤痕。"也有不少人不同意上述两种观点，因为咬伤或刺伤的痕迹没有在死者尸体上发现，在卧室中也没有发现任何有毒的小蛇。他们认为服毒而死的可能性最大。

? 斯巴达克为什么要发动起义

斯巴达克是罗马共和国时期的奴隶英雄。他领导了著名的奴隶起义——斯巴达克起义，在世界历史上具有重要意义。起义的主要原因是罗马奴隶社会内部（即奴隶主和被剥夺人权、遭受残酷剥削的奴隶之间）的阶级矛盾。列宁指出："斯巴达克掀起的战争就是为了保卫被奴役的阶级。"起义由伦杜鲁斯·巴奇亚图斯（卡普阿城）角斗学校逃出的70余名奴隶角斗士发起。

◐ 古罗马的角斗士过着非人的生活，他们常常被迫在角斗场做决斗表演，供贵族阶级取乐。

◑ 渥大维

？ 罗马帝国最辉煌的时期是由谁当政的

罗马帝国最辉煌的时期是由后三头同盟当政的。后三头同盟指公元前43年，由渥大维、安东尼和雷必达组成的政治同盟。安东尼和雷必达依靠的是强大的罗马军团，属实力派人物，渥大维当时仅是一个18岁的青年，但他胸怀大志，颇具政治头脑，他依靠的是恺撒的财产和声望，经几度纵横捭阖之后，三人于公元前43年秋结成政治同盟，史称"后三头政治"。

？ 基督教是怎样创立的

基督教是当今世界三大宗教之一，据估计，全世界约有1/4～1/3的人口是基督教徒。对于基督教的起源，历史上一直争论不休，但是有一点毫无疑问，即基督教是由犹太教脱胎换骨而来。公元之初，犹太教内部分化为四个宗派：撒都该派、法利赛派、奋锐党、艾赛尼派。经过现代学者对《死海古卷》的研究，认为基督教可能由艾赛尼派发展而来。至于耶稣，也是众说纷纭，但是可以肯定：耶稣是犹太人；生活在公元1世纪初；30岁左右在加利利和犹太各地传教；曾收12个人为门徒；遭到犹太教上层分子的嫉妒；以"反罗马罪"被钉死在十字架上。

◑ 耶稣之死

百科加油站

基督教《圣经》包括基督教的《旧约全书》和《新约全书》两部分，是全球范围内发行量最大，翻译成语言种类最多的书，也是第一本被带进太空的书。

41

公元纪年怎么来的

世界各国关于纪年的方法有很多，不过目前世界上最通用的是公元纪年法。公历纪元最初源自于欧洲等西方基督教国家，以耶稣出生为纪年的开始，因此又称西元。除此之外，还有干支纪年法、天文纪年法、历史纪年法、帝王年号纪年法等。另外，还有伊斯兰教纪元、佛教纪元、犹太教纪元以及希腊纪元、日本纪元等。中华人民共和国的纪年采用公元纪年制度，这是1949年9月全国政协第一届全体会议协商决定的。由于公元纪年的起点是公元1年，而没有"公元0年"，所以大多数对公元纪年有充分了解的科学家和世界上大多数权威天文机构，都明确支持21世纪始于2001年的说法。

⚫ 耶稣出生

罗马帝国是怎样灭亡的

公元1~2世纪，是罗马帝国的强盛时期，它雄踞于地中海一带，俨然一个不可一世的大帝国。然而，到公元3世纪，罗马的奴隶制便出现了严重的危机，奴隶主穷奢极欲，过着荒淫无度的生活。与此同时，统治者内部争权夺利的斗争越来越厉害。公元395年，罗马帝国终于分裂为东、西两部，即以君士坦丁堡为首都的东罗马帝国和以罗马城为首都的西罗马帝国。公元476年，西罗马只有6岁的末代皇帝被废黜。就这样，这个曾称霸地中海，历时12世纪的奴隶制大帝国，终于在奴隶起义和外族入侵下覆灭了，西欧历史从此揭开了新的一页。

⚫ 罗马帝国分裂后，西罗马的统治者和奴隶主仍过着穷奢极欲，荒淫无度的生活。西罗马帝国的没落已成无可挽回之势。

❓ 古代世界的"七大奇迹"是指什么

在距今2300年前（约前3世纪），腓尼基旅行家昂蒂帕克写下了七大奇迹清单：

①埃及吉萨金字塔。②奥林匹亚宙斯巨像。③阿泰密斯神庙。④摩索拉斯基陵墓。⑤亚历山大灯塔。⑥巴比伦空中花园。⑦罗德岛巨像。

❶ 罗德岛巨像　　❶ 亚历山大灯塔

> **➜ 百科加油站**
>
> 罗德岛太阳神巨像，世界七大奇迹之一。这座巨像建在罗德市港口的入口处，公元前282年完工。它是希腊太阳神赫利俄斯的青铜铸像，高约33米。巨像铸造完工后过了56年，毁于公元前226年的一次地震中。

❓ 庞贝古城是怎么消失的

在公元79年前，庞贝称得上是古罗马帝国最繁荣的城市。公元79年8月24日，古代世界最为严重的天灾向庞贝城袭来。在24小时内，庞贝城和城里至少5000居民在维苏威火山的怒吼中从大地上消失。但庞贝城毁灭的详细过程，以及为什么有这么多人丧生，成为长久以来人们无法了解的隐情……

❶ 庞贝古城遗迹

❓ 什么是"玛雅文明"

玛雅文明是世界文明史上的奇葩，因印第安玛雅人而得名，是美洲印第安玛雅人在与亚、非、欧古代文明隔绝的条件下，独立创造的伟大文明。其遗址主要分布在墨西哥、危地马拉和洪都拉斯等地。玛雅文明诞生于公元前10世纪，分为前古典期、古典期和后古典期三个时期，其中，公元3~9世纪为其鼎盛时期。

❶ 玛雅文明遗迹

高句丽人是如何建立国家的

据《三国史记》和《三国遗事》记载，公元前37年，夫余王子朱蒙因与其他王子不和，逃离夫余国到卒本夫余，建立高句丽。但有一些学者认为高句丽早在公元前2世纪就已成立。因为"高句丽"作为一个地理名词，公元前113年就出现在《汉书》中。不过大多数的史籍认为高句丽建于公元前37年或公元1世纪中期。一些考古发现表明，高句丽最初所在地于公元前2世纪就有集权化的濊貊部落国家存在。不过还没有证据证明这些濊貊人自称自己为高句丽。首次将高句丽和濊貊部落联系起来的是《汉书》对公元前12年高句丽起义摆脱玄菟郡控制的记载。高句丽人在其成立的初期是由濊貊人和夫余人组成的。据《三国志》记载，夫余和濊貊属同一族，语言近似。

● 高句丽的王冠

《查士丁尼法典》是怎样一部法典

《查士丁尼法典》来源于罗马法。公元528年2月13日，查士丁尼大帝颁布一项敕令，任命特里布尼厄斯组织一个由10名法学家组成的委员会，对当时所有资料进行增删、修订。随后把这些敕令分别标上发布皇帝的名号，以及施行的对象与日期编成了《敕法汇集》，并于公元529年颁布施行。这就是著名的《查士丁尼法典》。这之后又陆续颁布了《查士丁尼法学总论》《查士丁尼学说汇编》和《查士丁尼新律》三部分，作为《查士丁尼法典》的续编。《查士丁尼法典》是这部《民法大全》的核心，作为这部民法大全的代称。它反映出罗马帝国全盛时期，即"古典时代"的罗马法的全貌。

● 查士丁尼大帝将法典交给他的法律官员。

日耳曼人为什么要大迁徙

原住在波罗的海和北海沿岸地带的日耳曼人是一个古老的欧洲民族，由若干部落组成，其中较主要的是法兰克人、汪达尔人、伦巴德人、东哥特人和西哥特人。日耳曼人东邻阿兰，南临罗马帝国，莱茵河和多瑙河大体成为他们和罗马的分界线。罗马帝国逐渐衰落之际，少数日耳曼人进入罗马境内，成为雇佣兵、手工工人或在庄园劳动。另一方面，日耳曼各部也和罗马进行过零星战争，互有胜负。然而，到了4世纪末，匈奴人对日耳曼人领地的入侵却使日耳曼人如潮水般向罗马帝国境内涌来，形成了一场日耳曼民族大迁徙运动，且绵延200余年，规模宏大，波及大半个欧洲和北非广大地区，并在西罗马帝国的旧土上建立了许多日耳曼人的国家，书写了西欧历史的新篇章。

西哥特人是东日耳曼部落的两个主要分支之一，在匈奴人的逼迫下向西大规模迁徙。进入罗马后，于公元401年在首领阿拉里克率领下攻陷并洗劫了罗马。上图为西哥特王阿拉里克。

百科加油站

日耳曼人是对一些语言、文化和习俗相近的民族（部落社会）的总称。这些民族从公元前2000年到约4世纪生活在欧洲北部和中部。日耳曼人不称自己为日耳曼人，在他们的漫长历史中他们可能也没有将自己看作是同一个民族。

此图描绘的是4世纪匈奴人在阿提拉的带领下，准备进攻意大利时被教皇利奥一世劝阻的场景。

法兰克王国是怎样兴起的

法兰克王国是5世纪末~10世纪末由日耳曼人中的法兰克人在西欧建立的封建王国。法兰克人是日耳曼人最强大的一支部落,481年,克洛维继任萨利克部落酋长后,开始全力向高卢扩张,消灭了法兰克其他酋长势力。486年击溃西罗马在高卢的残余势力,占领高卢大部分地区,建立了墨洛温王朝,以巴黎为首都。496年东征莱茵河中上游阿勒曼尼亚(今属德国),同年法兰克统治阶层皈依了基督教,得到高卢—罗马人的大力支持。507~510年,南征西哥特,占领阿奎丹(今法国西南部)。

🔊 公元507年,日耳曼民族的一支法兰克人在国王克洛维一世领导下击败西哥特人,成为日耳曼民族中最强大的邦国。

6世纪后,先后征服易北河以西图林根(今属德国)和勃艮第,合并普罗旺斯和加斯科尼(今法国西南部),成为西欧最强大的国家。以后封建贵族势力发展,王权日益微弱,751年,宫相丕平(矮子)篡夺王位。墨洛温王朝灭亡,开始加洛林王朝的统治。丕平之子查理在位时更大规模向外扩张,公元800年查理加冕称帝,大举扩张,成为查理曼帝国。其疆域东至易北河和多瑙河,西南至埃布罗河,北达北海,南至地中海,并占有意大利大部。843年内部分裂为三部分,即后来法国、德国和意大利的雏形。

🔊 法兰克王国在查里曼大帝统治期间,势力达到了鼎盛。

伊斯兰教是谁创立的

伊斯兰教是与佛教和基督教并列的世界三大宗教之一。公元7世纪初诞生于阿拉伯半岛,它是由伊斯兰教的先知穆罕默德所创,目前在全世界大概有10亿多信徒。大多数分布在阿拉伯国家以及中非、北非、中亚、西亚、东南亚和印度、巴基斯坦、中国,有些国家还以伊斯兰教为国教。《古兰经》是伊斯兰教唯一的根本经典。

> **百科加油站**
>
> 穆罕默德是伊斯兰教的创复兴者,也是伊斯兰教徒(穆斯林)公认的伊斯兰教先知。中国的穆斯林普遍尊称之为"穆圣",也被称作"马圣人"。

日本为什么要进行大化改新

大化改新，日本的社会政治变革运动，发生于646年，此年为大化元年。改革的主要原因是：①社会矛盾尖锐，政局混乱。②孝德天皇学习隋唐先进制度。革新派以唐朝律令制度为蓝本，参酌日本旧习，从经济到政治方面进行了改革，规定了中央集权的封建国家体制，并诏书公布改新的内容，律令严格划分良贱的身份制。

○日本大化改新后，派遣了许多使节入隋、唐学习中国制度。

阿拉伯帝国是在什么时候形成的

阿拉伯帝国（630～1258年）是中世纪时阿拉伯人建立的伊斯兰教国家。712年兵取西班牙被认为是其鼎盛时期的开端，疆域东起印度，西临大西洋与法兰西接壤，南至莫桑比克苏丹国北迄高加索山，形成横跨亚、非、欧三洲的封建大帝国。帝国的政治宗教中心原在麦加—麦地那，倭马亚王朝时移至大马士革，阿拔斯王朝时又迁至巴格达。8～9世纪为极盛时期，后因民族矛盾和内部分裂等原因，逐渐衰弱。1258年，被蒙古帝国所灭。

○位于伊拉克纳杰夫的阿里清真寺是最后一位"正统哈里发"阿里·伊本·艾比·塔里卜的陵墓。

《一千零一夜》中的故事都是虚构的吗

《一千零一夜》是阿拉伯古代民间口头创作的丰碑，也是一部流传于世界各国的脍炙人口的作品集。我国旧译为《天方夜谭》。《一千零一夜》的初稿是由10世纪伊拉克文人哲海什雅里收集整理的。他以一本古老的波斯故事《赫左尔·艾夫萨乃》（即《一千个故事》）为蓝本，并邀请民间说书艺人记录他们认为最优美的民间故事。但哲海什雅里只收集了四百夜的故事，没有完成《一千零一夜》的编辑工作就去世了。后来，各地说书艺人不断对故事进行增补、加工。大约到14世纪，《一千零一夜》才最后定型，并以手抄本的形式在阿拉伯地区流传开来。这些故事来源于民间，并为广大人民群众所创作，因而有艺术加工的成分。

○ 成稿于14世纪的《一千零一夜》手稿，现藏巴黎国立图书馆。

> **百科加油站**
>
> 《一千零一夜》的艺术特点：浓郁的浪漫主义色彩。情节曲折离奇，结构灵活简便，对比鲜明，语言丰富优美、流畅自然、生动活泼，诗文并茂，很好地体现了民间文学的本色。

十字军为什么要东征

十字军东征（1096～1291年）是一系列在罗马天主教教皇的准许下进行的有名的宗教性军事行动，由西欧的封建领主和骑士对地中海东岸的国家发动的战争。十字军东征有深刻的经济、社会、宗教背景。经济上，欧洲是当时欧亚大陆相对比较贫穷落后的地区，通过侵略战争可以获得土地和财富。社会上，欧洲社会黑暗，社会矛盾激化，急需通过战争来转移矛盾。宗教上，东方突厥人在扩张，基督教受到威胁，宗教势力要求打败穆斯林夺取圣城。

○ 十字军在耶路撒冷疯狂、野蛮杀掠的场景。

🔴 英法百年战争

❓ 英法为什么会爆发百年战争

　　1337~1453年，英法两国间先为王位继承展开争权夺利，尔后演变为英国对法国的入侵，法国则被迫进行反入侵，从而进行了长达百年的战争。这次战争的导火索就是弗兰德地区（现在的比利时和荷兰）。当时这个地区是欧洲著名的工业发达地区，特别是羊毛纺织业的技术非常先进。对于法国来说，弗兰德是利税大户，当然不能放弃。没有纺织技术的英国只能饲养羊，出口羊毛，而这个地方是英国最重要的出口地。弗兰德的商人希望脱离法国国王的支配，但是教皇的契约书上规定，背叛国王是要处罚200万法郎的，因此弗兰德人虽然有钱但是却不敢向法国国王起兵叛乱。知道这一点的法国国王肆无忌惮地向商人征收越来越多的税。弗兰德人想出了一个办法：与其自己起兵叛乱，不如唆使英国出兵攻打法国！终于，他们想出了一条绝妙的理由。法国国王的标志是百合（波旁王朝），英国国王的标志是狮子。英国国王在法国也有领土，所以也可以说是法国的国王，因此，弗兰德人决定建议英国国王将标志改为百合和狮子。这样一来，英国国王就不是弗兰德的敌人，而是弗兰德的国王了！这样弗兰德人就有充分的理由对英国国王效忠，这样也就不是对法国国王的背叛了！　所有弗兰德人都认为这真是一个绝妙的主意。果然，英国国王听到这个建议一下子被高兴、满足、得意、幸福所包围了。而另一边法国国王则大怒。接着英国国王进行反驳。就这样在弗兰德商人的挑拨之下，积怨颇深的英国和法国之间终于爆发了战争。

你知道圣女贞德吗

圣女贞德（1412年1月6日~1431年5月30日），被称为"奥尔良的少女"，是法国的民族英雄、军事家，天主教会的圣女，法国人心中的自由女神。英法百年战争（1337~1453年）期间，她带领法国军队对抗英军的入侵，支持法查理七世加冕，为法国胜利作出贡献。最终被俘，被宗教裁判所以异端和女巫罪判处火刑。

🔆 圣女贞德像

欧洲大瘟疫是怎样一场灾难

公元1347~1361年，在短短数十年间，欧洲大陆有2500万人死亡，超过当时欧洲人口的三分之一。如此惊人的人口大量死亡，不是由于惨烈的战争，也不是肆虐的自然灾害，而是遭遇了一场空前绝后的黑死病大瘟疫。这场瘟疫成为整个欧洲的一场浩劫。英国是这场瘟疫受害最重的国家之一，伦敦人口由5万急剧下降到不足3万。瘟疫过后，城乡劳动力锐减，生产力水平下降，物价上涨，人民生活恶化。

🔆 关于黑死病患者的图画

❓ 文艺复兴的中心在哪里

　　文艺复兴是指13世纪末在意大利各城市兴起，以后扩展到西欧各国的一场思想文化运动。13世纪末、14世纪初，意大利在欧洲最早产生资本主义萌芽，尤以佛罗伦萨、威尼斯为最。地处意大利中部的佛罗伦萨出现了毛织、银行、布匹行业。在这种政治、经济背景下的佛罗伦萨，成为意大利乃至整个欧洲的文艺复兴发源地和最大中心。意大利文艺复兴最早的两位代表人物是佛罗伦萨诗人但丁和画家乔托。薄伽丘的名作《十日谈》是欧洲文学史上第一部现实主义巨著。15世纪，人文主义在意大利蓬勃发展，出现了"言必称古典"的局面。16世纪是意大利文艺复兴特别繁荣的时期，产生了三位伟大的艺术家：列奥纳多·达·芬奇、米开朗琪罗和拉斐尔。

⭕意大利佛罗伦萨

❓ 但丁为什么要创作《神曲》

⭕但丁

　　意大利诗人但丁所处的时代，是新兴资产阶级与封建势力之间的斗争日趋白热化，社会正酝酿着一场历史变革的时代。青年但丁积极参加了维护资产阶级利益的活动。被流放后，但丁广泛地接触了现实社会，看到了阻碍意大利进步的根本原因在于分裂与内讧，这更加坚定了他统一祖国的决心。长诗《神曲》是但丁十余年努力的结晶，寄予了他的忧愤之情。《神曲》分《地狱》《炼狱》《天堂》三部。这首长诗是欧洲文学史上划时代的作品，有着强烈的现实意义。

> **百科加油站**
> 　　但丁（1265～1321年），意大利中世纪诗人。代表作品《神曲》，被誉为中世纪文学的巅峰之作，并作为文艺复兴时期的先声之作。但丁、莎士比亚与歌德，并称为世界三大文学巨匠。

为什么说莎士比亚是戏剧大师

　　莎士比亚的代表作有四大悲剧:《哈姆雷特》《奥赛罗》《李尔王》《麦克白》。著名喜剧:《仲夏夜之梦》《威尼斯商人》《第十二夜》《皆大欢喜》。历史剧:《亨利四世》《亨利五世》《理查三世》。正剧、悲喜剧:《罗密欧与朱丽叶》。还写过154首十四行诗,2首长诗。儒略历1616年4月23日(公历1616年5月3日)病逝,出生日期与逝世日期恰好相同。莎士比亚和意大利著名数学家、物理学家、天文学家和哲学家、近代实验科学的先驱者伽利略同一年出生。马克思称他和古希腊的埃斯库罗斯为"人类最伟大的戏剧天才"。虽然莎士比亚只用英文写作,但他的大部分作品都已被译成多种文字,其剧作也在许多国家上演,他被人们尊称为"莎翁"。所以,莎士比亚被称为戏剧大师是当之无愧的。

🔺莎士比亚

🔺达·芬奇的作品《蒙娜丽莎》

百科加油站

　　《蒙娜丽莎》是达·芬奇最负盛名的肖像杰作,《蒙娜丽莎》成功地塑造了资本主义上升时期一位城市有产阶级妇女的形象。

世界上最名贵的肖像画是谁的作品

　　列奥那多·达·芬奇是文艺复兴时期意大利最著名的艺术家之一,人们一提到他,自然就会想起他的杰作《蒙娜丽莎》。《蒙娜丽莎》高77厘米,宽53厘米,俗称"佐贡达"。目前此画藏于巴黎罗浮宫。经过政府允许,从1962年12月14日至1963年3月12日,先后到美国的华盛顿和纽约市展出,轰动了全美国,许多人专程从外地赶来,一睹为快。由于参观的人太多,据说展览会规定每个观众只能在《蒙娜丽莎》画像前面停留3秒钟。在日本展览,观众只能看2秒钟。在美国投保时,估计此画值1亿美元,但是保险公司却因为派遣安全人员的支出将大于保险费收入而不愿承保。

奥斯曼土耳其帝国是怎么兴起的

奥斯曼土耳其人原本居住在中亚阿姆河，属于西突厥乌古斯人。自古从事游牧，逐水草而居。最初他们依附于塞尔柱突厥人建立的罗姆苏丹国，在和拜占庭相邻的萨卡利亚河畔得到一块封地。部落酋长埃尔托格鲁尔死后，他的儿子奥斯曼继位。1299年，奥斯曼趁塞尔柱罗姆苏丹国分裂，正式宣布独立，称号"加齐"，奠定了奥斯曼国家的雏形。1326年，奥斯曼之子奥尔汗（1326～1360年在位）继位后，改称总督，建立了常备军，吞并了罗姆苏丹国之大部分地区。1331年，打伤了东罗马帝国皇帝，并

⚓ 奥斯曼一世，是奥斯曼帝国的创建者。

攻占了尼西亚城，并迁都于此。1354年，奥尔汗率军渡过达达尼尔海峡，占领了加利波利半岛，并把这里作为进攻巴尔干半岛的桥头堡。奥尔汗对内确立国家行政组织，中央设立迪万，任命维齐尔（即大臣），向各地派行政军事长官和卡迪铸造统一钱币，从而使奥斯曼国家得到了兴起。

⚓ 位于土耳其伊斯坦布尔的圣·索菲亚教堂是一座拜占庭式的教堂。1453年被奥斯曼帝国占领，改建成为伊斯兰教寺院。

伊凡四世真杀了自己的儿子吗

伊凡四世是俄国历史上第一任沙皇,16世纪俄罗斯的专制统治者。他生性残暴,17岁时杀死握有实权的摄政王,自立为帝。曾毫不留情地屠杀所有他的政敌,镇压叛乱、绞死主教,最终失手杀死自己的亲生儿子。但从历史角度看,他在统一和治理国家等方面却有卓越功勋。这个政权是建立在恐怖基础上的,所以世人称他为"伊凡雷帝"即"恐怖的伊凡"。所以,伊凡四世可能真杀了自己的儿子。

↑《伊凡雷帝杀子》(俄罗斯 列宾)

拜占庭帝国是如何消亡的

拜占庭帝国又称东罗马帝国,位于欧洲东部,是古代和中世纪欧洲历史最悠久的君主制国家。拜占庭帝国通常被认为开始自公元395年,直至1453年。君士坦丁堡查士丁尼王朝到希拉克略王朝是拜占庭第一个鼎盛时期,马其顿王朝时是拜占庭第二个鼎盛时期。1204年,第四次十字军东征偷袭了君士坦丁堡,君士坦丁堡被洗劫,拜占庭开始衰弱。1261年,迈克尔八世收复君士坦丁堡。1453年,君士坦丁堡被奥斯曼人攻陷,末代皇帝君士坦丁十一世战死,拜占庭灭亡。

↑1204年,十字军攻占拜占庭首都君士坦丁堡后,纵火焚烧了七天七夜。拜占庭帝国开始衰弱。

公元 7 世纪时　哪个部落统一了朝鲜半岛

新罗，朝鲜半岛国家之一，从传说时代算起，立国达992年。公元503年开始定国号为"新罗"。660年和668年，新罗联合唐朝先后灭亡百济和高句丽。670~676年唐朝新罗战争后，新罗统一了朝鲜半岛大同江以南地区，称为统一新罗。9世纪末期，统一新罗分裂成"后三国"。935年，"后三国"被高丽统一。

❶ 新罗王陵出土的文物

丰臣秀吉怎样统一了日本

❶ 丰臣秀吉

丰臣秀吉，日本战国时代、安土桃山时代的武将及大名。大约1555年的时候，加入当时尾张的领主织田信长麾下，逐步由仆役升格成为下级武士。1560年左右，秀吉成为织田家的足轻组头（足轻是临时征集的农民兵，组头相当于小队长），并参加了著名的桶狭间合战。

1566年，秀吉临危受命，他在取得蜂须贺正胜帮助的情况下成功完成任务。1573年，秀吉因军功开始跻身于战国群雄之列。此后秀吉专心于领国经营。1583年秀吉与胜家在贱岳正式交锋，取得决定性胜利。1585年，秀吉征伐四国，招降了长宗我部元亲。1589年，秀吉征伐全国各路大名，出兵关东讨伐小田原北条氏。经过近一年交锋北条被迫投降，北条家主北条氏政被迫切腹。至此秀吉完成全国统一。

> **百科加油站**
>
> 丰臣秀吉是日本战国时代末期封建领主，是继室町幕府之后，完成近代首次统一日本的日本战国时代大名，1590~1598年期间日本的实际统治者。

55

马可·波罗是一个什么样的人

马可·波罗是13世纪意大利著名的旅行家和商人。17岁时跟随父亲和叔叔，途经中东，历时四年多到达蒙古帝国。他在中国游历了17年，曾访问当时中国的许多古城，到过西南部的云南和东南地区。回到威尼斯之后，写下著名的《马可·波罗游记》。记述了他在东方最富有的国家——中国的见闻，激起了欧洲人对东方的热切向往，对以后新航路的开辟产生了巨大的影响。同时，西方地理学家还根据书中的描述，绘制了早期的"世界地图"。

🔴 马可·波罗觐见忽必烈

哥伦布什么时候发现了新大陆

里斯托弗·哥伦布（1451~1506年），西班牙著名航海家，是地理大发现的先驱者。哥伦布年轻时就是地圆说的信奉者，他十分推崇曾在热那亚坐过监狱的马可·波罗，立志要做一个航海家。他在1492~1502年间四次横渡大西洋。1492年，哥伦布发现了美洲大陆，他也因此成为名垂青史的航海家。

🔴 哥伦布发现新大陆后，激动不已，跪在地上感谢上帝给了他们好运气。

麦哲伦为什么要环球航行

麦哲伦的主要目的是为了做一次环球探险。他是地圆说的信奉者，知道从欧洲到达亚洲不会只有陆路或者经过好望角那么几条航线。而西班牙为了找到新航道，所以大力支持麦哲伦做环球旅行。

❶麦哲伦

> **百科加油站**
>
> 斐迪南·麦哲伦，葡萄牙人，为西班牙政府效力探险。1519~1521年率领船队首次环航地球，死于菲律宾的部族冲突中。虽然他没有亲自环球，他船上的水手在他死后继续向西航行，回到欧洲。

谁是欧印航线的开辟者

瓦斯科·达·伽马是开辟西欧直达印度海路的葡萄牙航海家，早期殖民主义者。1497年，奉国王之命，率领舰队从里斯本出发，绕过好望角，第二年到达莫桑比克。后得到阿拉伯领航员帮助，终于到达印度西南部重镇卡利库特，并满载交换来的宝石、香料而归。1502年、1524年又两次远航印度，最后死于葡萄牙驻印度总督任上。他开辟的航路，促进了欧、亚商业交流的发展。

❶达·伽马

欧洲的宗教改革是怎么回事

欧洲的宗教改革是指基督宗教在16~17世纪进行的一次改革，是资产阶级披着宗教外衣的一场资产阶级性质的改革。改革代表人物马丁·路德、加尔文及慈运理等人。一般认为宗教改革始于1517年马丁·路德提出九十五条论纲，结束于1648年的威斯特法伦和约。改革促进了欧洲资本主义的发展。

哥白尼是怎样创立日心说的

1499年，哥白尼毕业于意大利的博洛尼亚大学，任天主教教士。那个时候，人们相信的是1500多年前希腊科学家托勒密创立的宇宙模式。托勒密认为地球是宇宙的中心且静止不动，日、月、行星和恒星均围绕地球运动，而恒星远离地球，位于太空这个巨型球体之外。然而，经仔细观测，科学家们发现行星运行规律与托勒密的宇宙模式不吻合。哥白尼想用"现代"（16世纪）的技术来改进托勒密的测量结果，以期取消一些小轨道。经过20年的观测，哥白尼发现唯独太阳的周年变化不明显。这意味着地

♀ 哥白尼

球和太阳的距离始终没有改变。如果地球不是宇宙的中心，那么宇宙的中心就是太阳。他立刻想到如果把太阳放在宇宙的中心位置，那么地球就该绕着太阳运行。这样他就可以取消所有的小圆轨道模式，直接让所有的已知行星围绕太阳做圆周运动。然而，人们是否能接受哥白尼提出的新的宇宙模式呢？全世界的人——尤其是权力极大的天主教会是否接受太阳是宇宙中心这一说法呢？由于害怕教会的惩罚，哥白尼在世时不敢公开他的发现。1543年，这一发现才公诸天下。即使在那个时候，哥白尼的发现还不断受到教会、大学等机构与天文学家的蔑视和嘲笑。终于在60年后，约翰尼斯·开普勒和伽利略·伽利雷证明哥白尼是正确的。

♀ 哥白尼的日心说理论

名言"知识就是力量"是谁说的

英国哲学家培根坚信，以掌握自然界发展规律为内容的人的知识，本身就是一种巨大的力量。他提出，"人的知识和人的力量相结合为一"，"达到人的力量的道路和达到人的知识的道路是紧挨着的，而且几乎是一样的"。培根的这一观点被后人表达为著名的口号："知识就是力量。"培根所说的人的知识是指自然知识。他指出科学技术的一切发明是"任何政权、任何教派、任何杰出人物对人类事业的影响都不能比拟的"，"因为发明的利益可以扩及于全人类，而政治的利益只限于特殊的地带。后者经不了几代，前者则永垂无穷"。

○ 培根

> ➔ **百科加油站**
>
> 弗朗西斯·培根（1561～1626年），英国文艺复兴时期最重要的文学家、哲学家。他不但在文学、哲学上多有建树，在自然科学领域里也取得了重大成就。

奴隶贸易是怎么回事

从15世纪中叶至19世纪末，人类历史上出现了一次骇人听闻的大灾难，这就是马克思称之为"贩卖人类血肉"的奴隶贸易。西方殖民者一手制造了这场长达四个多世纪的历史悲剧。15世纪初，西方殖民者纷纷进行海外扩张。随着殖民扩张的发展，开始出现了掠夺非洲黑人作为奴隶的交易活动。从15世纪中叶至16世纪80年代是以海盗式掠卖为主要特征的奴隶贸易初期阶段；16世纪80年代到18世纪下半叶是以奴隶专卖组织垄断为中心的奴隶贸易全盛时期；从18世纪末到19世纪末是以奴隶走私为特点的"禁止"奴隶贸易时期。400多年的奴隶贸易为欧美殖民国家聚敛了巨额财富，成为其资本原始积累的重要来源之一。曾是人类文明发源地之一的非洲大陆却因此失去大量人口，社会生产力遭到严重破坏。奴隶贸易除了给非洲大陆贻祸无穷外，至今仍危害世界和平的种族主义也是其贻害之一。

○ 殖民者在非洲掠夺黑人

德国为什么会爆发大规模的农民起义

中世纪西欧规模最大的一次农民起义是发生在1524~1525年期间的德国农民起义。以马丁·路德为代表的德国宗教改革运动，摧毁了罗马教会的权威，从精神上解放了广大人民群众，但路德本人并不支持政治上的激进行为。另一个宗教改革领袖闵采尔是激进派的首领，闵采尔不赞成把运动局限在宗教范围内。他反对教会，主张摧毁封建制度，号召以暴力革命推翻封建社会。在他的号召下，宗教改革运动终于演变成了一场伟大的农民起义。1524年夏天，德国南部的士瓦本地区农民首先揭竿而起，起义很快席卷全国，有三分之二的农民参加。1525年4月，贵族们组成了以菲力普为首的贵族联军。5月16日，农民军和贵族联军展开激战，农民军被击溃，闵采尔英勇牺牲。起义以失败告终。

百科加油站

马丁·路德，1483年11月出生于神圣罗马帝国（今德国）艾斯莱本。他是16世纪欧洲宗教改革倡导者，基督教新教路德宗创始人。

🔥 1525年德国农民起义

基督教加尔文宗的创始人是谁

加尔文宗又称长老宗、归正宗，是新教主要宗派之一，是以加尔文的宗教思想为依据的各教会的统称。加尔文宗是16世纪瑞士宗教改革的产物，由法国人让·加尔文于1541年创立于日内瓦城。后来它广泛流传于荷兰与苏格兰、英格兰等地，为尼德兰革命和17世纪英国资产阶级革命提供了理论依据，推动了资本主义的发展。17世纪后，该宗随欧洲移民和殖民扩张传播至北美、南非、亚洲和南美等地。该宗共有信徒4000多万人，300多个教会团体，分布于80余个国家和地区。信徒较多的国家和地区为美国、加拿大、苏格兰、荷兰、瑞士、韩国、南非和巴西。

🔥 加尔文

尼德兰革命是怎样爆发的

1566年，尼德兰爆发了反对西班牙统治的人民起义，历史上称为"尼德兰革命"。尼德兰革命是由于资本主义经济的发展和西班牙封建专制的压迫发生冲突而引起的。早在14世纪时，尼德兰就出现了资本主义生产关系，尼德兰的经济发展引起了阶级关系的变化。资产阶级要求推翻专制统治，建立独立国家，发展资本主义，他们在宗教上接受了加尔文教派。西班牙的封建专制统治，阻碍了尼德兰资本主义的发展，引起尼德兰社会各阶层的普遍不满。奥兰治亲王将请愿书递交给总督，要求废除迫害新教徒的法令，召开三级会议，撤退西班牙驻军。总督不仅拒绝了这些要求，而且还大骂这些富贵的乞丐，下令将他们赶出了总督府。贵族们原打算让西班牙统治者做些让步，所以，他们在请愿书中还表示效忠西班牙国王，但他们的愿望落空了。正当他们商量新的对策时，人民群众已掀起了革命的风暴。

○ 1567年，在荷兰西部城市哈勒姆，许许多多的新教徒被处死。

荷兰为什么被称为"海上马车夫"

"海上马车夫"是对17世纪荷兰航海贸易的最贴切的评价。在17世纪，欧洲的资本主义经济得到较大的发展，各国之间的贸易往来日益增多。当时，世界各国间的贸易通道主要在海上，哪个国家的造船工业发达，拥有商船的数量和吨位最多，它就能控制东西方贸易，称霸海洋，从事海外殖民掠夺。船在当时就像陆路运输的马车一样，船就是海上的马车，哪个国家掌握了海上的马车，它就是海上的马车夫。在整个17世纪，荷兰是世界上最强大的海上霸主，因此，被称为"海上马车夫"。

○ 开往荷兰港口的商船

"羊吃人"的圈地运动是怎么回事

英国著名的人文主义者托马斯·莫尔在他的名著《乌托邦》里写到英国"羊吃人"时说："你们的绵羊本来是那么驯服，吃一点点就满足，现在据说变得很贪婪、很蛮横，甚至要把人吃掉……"羊怎么会"吃人"呢？原来十五六世纪，英国、尼德兰（荷兰）等地的毛织业很繁荣，羊毛需求量激增，养羊成了很赚钱的行当。英国的地主纷纷把自己的土地和公共的土地用篱笆圈起来放牧羊群，并强行圈占农民的土地。农民丧失了赖以养家糊口的土地，扶老携幼，向着陌生的地方去流浪。这就是英国资本主义血腥发家史上的"羊吃人"的"圈地运动"。

圈地运动使许多农民丧失了土地，涌入城市，成为流浪者。

"无敌舰队"为什么会覆灭

英国16世纪后期的海上扩张，严重威胁着当时的西班牙。为了维持西班牙"海上霸主"的地位，西班牙国王腓力二世派出他的"无敌舰队"向英国开战。1588年7月，拥有130艘战舰的"无敌舰队"与英国舰队进行激烈的海战。返航途中，"无敌舰队"不断受到英国人的袭击，又遇到了海上风暴。最后回到西班牙时，只剩下了几艘战舰。无敌舰队的覆灭也使西班牙的海上霸权被英国取代，从此失去了强国的地位。

1588年，英国军队击败西班牙无敌舰队。

英国资产阶级革命是怎么回事

英国资产阶级革命是指从1640年查理一世召开三级会议的事件开始，到1688年詹姆斯二世退位结束，以新贵族阶级为代表推翻封建统治建立起英国资本主义制度的社会革命。又称英国内战、清教徒革命。

查理一世为什么被送上了断头台

查理一世（1600~1649年），1625年继承王位，是英国斯图亚特王朝国王。他坚信"君权神授"，独断专行。由于议会不同意他随意征税，他便几次解散议会，甚至长期不召集议会，使得英国社会的各种矛盾激化。1638年，苏格兰人民起义，查理一世为了筹措军费，镇压起义，于1640年被迫召集关闭11年的议会。新议会里，资产阶级和新贵族结成反对派，要求限制国王的权力因而引起内战。1642年第一次内战开始，在克伦威尔领导下，国会军打败王军，查理一世逃往苏格兰。1647年，第二次内战开始，国会军又粉碎了苏格兰王军，查理一世被俘。1649年，查理一世作为暴君、人民公敌被押上断头台，在伦敦白厅宴会厅前的广场被处死。

◑ 处决查理一世

谁是"力学之父"

艾萨克·牛顿爵士是人类历史上出现过的最伟大、最有影响的科学家之一，同时也是物理学家、数学家和哲学家。他在1687年7月5日发表的不朽著作《自然哲学的数学原理》里，用数学方法阐明了宇宙中最基本的法则——万有引力定律和三大运动定律，被称为"力学之父"。

◑ 艾萨克·牛顿

百科加油站

牛顿第一运动定律，又称惯性定律。它科学地阐明了力和惯性这两个物理概念，正确地解释了力和运动状态的关系，并提出了一切物体都具有保持其运动状态不变的属性——惯性。它是物理学中一条基本定律。

法国启蒙运动的领袖人物是谁

在法国波澜壮阔的启蒙运动中，一位思想家为了避免封建专制势力的迫害，曾先后以一百多个笔名发表反封建作品，其中，"伏尔泰"是人们最熟悉的一个笔名。伏尔泰(1694~1788年)，18世纪法国启蒙思想家、文学家、史学家、哲学家。伏尔泰也是18世纪法国资产阶级启蒙运动的旗手和领袖，被誉为"思想之王""法兰西最优秀的诗人"。

⚫ 伏尔泰

俄国沙皇彼得一世为什么要改革

俄国沙皇彼得一世改革的主要原因是：①资本主义和农奴制之间的矛盾激化。②农奴制的存在导致了俄国对外战争（克里米亚战争）的失败。③农奴起义风起云涌。这种落后状况，严重地阻碍着俄国社会的发展。统治阶级中的有识之士，也看出这种落后状态对俄国的严重危害，也曾有人试图进行改革，但未能大胆果断地进行，因而成效甚微。彼得一世执政后，凭借其至高无上的政治权力，毅然决然地抛弃俄国自大守旧的传统，亲自率团出国考察，学习西欧，实行了自上而下且大胆果断的全面改革，使俄国走上强盛之路。

⚫ 彼得大帝曾匿名乔装周游西欧各国，寻访新观念、新技术，对俄国实行改革，使落后的俄国步入了强盛之路。图为身着荷兰造船工装束的彼得大帝。

百科加油站

彼得大帝是后世对沙皇彼得一世的尊称。他1682年即位，1689年掌握实权。作为罗曼诺夫王朝仅有的两位"大帝"之一，彼得大帝一般被认为是俄国最杰出的沙皇。他制定的西方化政策是使俄国变成一个强国的主要因素。

德国公主是怎么当上俄国沙皇的

在俄国历史上，叶卡捷琳娜二世与彼得大帝齐名。她出身德意志贵族，原名叫索菲娅。从小生活并不富裕，她性格开朗，活泼好动，胆子大，淘气，所以经常闯祸。当时女沙皇没有儿子，就去德国把姐姐的儿子领来做自己的儿

⚓ 叶卡捷琳娜二世与彼得三世一起出行

子，取名彼得三世。当时俄国女皇伊丽莎白要为太子彼得挑选妻子，俄罗斯花了一年时间来反复推敲研究各种联姻方案，最后选定了索菲娅，作为未来皇储的妻子。于是在1744年，一个年仅15岁的德国姑娘来到了俄国宫廷。因为彼得大帝的姐姐也叫索菲亚，所以就给她取了一个俄国名字——叶卡捷琳娜。1761年底，女沙皇死了，彼得三世即位。彼得三世采取了许多改善下层人民生活的措施，遭到了大地主和大贵族的反对，作为彼得三世的妻子，叶卡捷琳娜雄心勃勃就想趁这个有利的机会，发动一次宫廷政变，自己当皇帝。1762年6月28日，她发动了宫廷政变，秘密处死了彼得三世，登上了沙皇的宝座。

⚓ 叶卡捷琳娜二世在俄国历史上因治国有方、功绩显赫，成为俄国人心目中仅次于彼得大帝的一代英主，被尊称为"叶卡捷琳娜女皇"。

❓ 波兰是如何被瓜分的

波兰曾三次被瓜分：1772年5月，沙皇俄国、普鲁士、奥地利三国在彼得堡会谈，于8月5日签署第一次瓜分波兰的条约。1793年1月23日，俄、普在彼得堡签订第二次瓜分波兰的协定。经第二次瓜分，波兰成为仅剩领土20万平方千米，人口400万的小国，成为沙俄的傀儡国，波兰国王未经沙皇许可，不得与外国宣战与媾和。1795年1月3日，俄、奥签订第三次瓜分波兰的协定，10月24日，普鲁士也在协定上签字。经历了这三次瓜分之后，波兰亡国，波兰就从欧洲地图上消失了长达123年之久。

🔊 王室蛋糕，关于第一次瓜分波兰的讽刺画。

❓ 华盛顿是怎样一个人

乔治·华盛顿是美国独立战争时大陆军总司令。1789年，乔治·华盛顿当选为美国第一任总统，1793年连任。在两届任期结束后，他自愿放弃权力不再续任，隐退于弗农山庄园。由于他扮演了美国独立战争和建国中最重要的角色，故被尊称为美国国父，学者们则将他和亚伯拉罕·林肯并列为美国历史上最伟大的总统。

百科加油站

华盛顿哥伦比亚特区简称华盛顿，是美利坚合众国的首都，位于美国东北部，为纪念美国开国元勋乔治·华盛顿和发现美洲新大陆的哥伦布（意大利著名航海家）命名的。华盛顿在行政上由联邦政府直辖，不属于任何一个州。

🔊 华盛顿

蒸汽机是谁发明的

瓦特（1736～1819年），英国著名的发明家，生于英国造船中心格拉斯哥附近的格林诺克小镇。1757年，瓦特到格拉斯哥大学当教学仪器修理工。1769年，瓦特在大量试验的基础上，经过了无数次失败，终于制成了第一台单动式蒸汽机，并且获得了第一台蒸汽机的专利权。1782年，瓦特又研制成功一种新式双向蒸汽机，并且可以广泛地应用在各种机器上。从1775年到1800年，他共制造出183台蒸汽机，全用于纺织业、冶金业和采矿业，到了19世纪30年代，蒸汽机已被推向了全世界。从此，人类社会进入了"蒸汽时代"。

○ 瓦特

什么是第一次工业革命

18世纪从英国发起的技术革命是技术发展史上的一次巨大革命，它开创了以机器代替手工工具的时代。这不仅是一次技术改革，更是一场深刻的社会变革。这场革命是以工作机的诞生开始的，以蒸汽机作为动力机被广泛使用为标志的。这一次技术革命和与之相关的社会关系的变革，被称为第一次工业革命或者产业革命。从生产技术方面来说，工业革命使工厂制代替了手工工场，用机器代替了手工劳动；从社会关系来说，工业革命使依附于落后生产方式的自耕农阶级消失了，工业资产阶级和工业无产阶级形成且壮大起来。

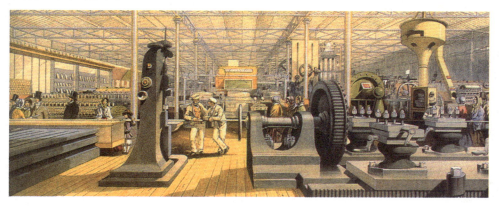

○ 蒸汽机的广泛使用引发了第一次工业革命

美国独立战争在哪里打响了第一枪

1775年4月18日，英国总督得知离波士顿不远的康科德藏有民兵军火武器，于是派出士兵前往查缴没收。工兵保尔·瑞维尔得知消息后，星夜疾驰，通知各个村庄的民兵组织起来，迎击英军。英军和民兵在来克星顿发生激战，英军尽管赶到康科德，夺取了部分武器，但损失惨重，被迫退回波士顿。来克星顿的枪声，揭开了美国独立战争的序幕。因此，在美国建国的历史进程中，波士顿具有不可磨灭的地位。

1775年4月19日早晨，波士顿康科德镇附近的来克星顿战斗打响了美国争取民族独立的第一枪。

《独立宣言》是谁起草的

1776年7月4日，在费城《独立宣言》由第二次大陆会议批准，7月4日也成为美国独立纪念日。宣言的原件是由大陆会议出席代表共同签署，并永久在美国华盛顿特区美国国家档案馆展示。宣言为美国最重要的立国文书之一。

委员会的成员由马萨诸塞的约翰·亚当斯、宾夕法尼亚的本杰明·富兰克林、弗吉尼亚的托马斯·杰斐逊、纽约的罗伯特·利文斯顿和康涅狄格的罗杰·谢尔曼组成，宣言主要由杰斐逊执笔起草。在宣言被大陆会议采纳以前，大陆会议对杰斐逊的草稿作了重大改动，在刑事法庭上被重写，特别是在佐治亚州和南卡罗来纳州代表们的坚持下，删去了他对英王乔治三世允许在殖民地存在奴隶制和奴隶买卖的有力谴责。

富兰克林、亚当斯、杰斐逊(从左至右)起草《独立宣言》。

加利福尼亚"淘金热"是怎么回事

淘金热是美国西进运动的产物，也是其中极为重要的一个环节。对美国十八九世纪的经济开发、农业扩张、交通革命、工商业发展具有重要的意义。淘金热是以西进运动的发展引发的人口迁移为开端的。在人口第三次大规模的浪潮来临之际，美国移民萨特在加利福尼亚的萨克拉门托附近发现了金矿，后由冒险商人、操纵者、土地投机家布兰那将金矿发现的消息扩大到全世界。西进运动的发展首先是由于布兰那在加利福尼亚的企业中首次与顾客用金沙交换商品并从中捕获商机开始的，更为重要的是美国政府的支持和引导。美国政府支持西部牛仔向西部披荆斩棘，并在淘金热兴起前后准备正式兼并加利福尼亚，即便在加利福尼亚商品匮乏之时也设法调剂和统筹商品货源。

金矿被发现后，美国沸腾，世界震撼。近在咫尺的圣弗朗西斯科首先受到了淘金热的冲击：几乎所有的企业停止了营业，海员把船只抛弃在了圣弗朗西斯科湾，士兵离开了营房，仆人离开了主人，涌向金矿发源地；农民典押田宅，拓荒者弃垦荒地，工人扔下工具，公务员离开写字台，甚至连传教士也离开了布道所。这股热潮一直席卷到圣弗朗西斯科北部的俄勒冈及南部的墨西哥。成千上万的淘金者使加利福尼亚人口猛增，并且许多新近出现的城镇很快成为国际性的城市。

🔴 加利福尼亚的淘金者

法国大革命是怎样爆发的

法国大革命，是1789年在法国爆发的资产阶级革命。1789年5月5日，由于财政问题，路易十六在凡尔赛宫召开三级会议，国王希望在会议中讨论增税、限制新闻出版和民事刑法问题，并且下令不许讨论其他议题。而第三等级代表不同意增税，并且宣布增税非法。6月17日第三等级代表宣布成立国民议会，国王无权否决国民议会的决议。于是路易十六关闭了国民议会，宣布它是非法的，其一切决议无效。7月9日国民议会宣布改称制宪议会，要求制定宪法，限制王权。路易十六意识到这危及了自己的统治，调集军队企图解散议会。7月12日，巴黎市民举行声势浩大的示威游行支持制宪议会。次日，巴黎教堂响起钟声，市民与来自德国和瑞士的国王雇佣军展开战斗，在当天夜里就控制了巴黎的大部分地区。7月14日，巴黎人民起义，攻占了象征封建统治的巴士底狱，法国大革命爆发。

三级会议之后的1789年6月20日，第三等级在一个网球厅举行了集会。在众多市民的围观下，他们庄严宣誓："不制定和通过宪法，决不解散！"

路易十六为什么被处死

路易十六被处死的主要原因是叛国。法国爆发的资产阶级革命，打破了君主立宪制度。虽然保留了君主，但路易十六拒绝签署《人权宣言》。后法国与奥地利开战，路易十六与奥地利达成协议并将作战计划告诉奥地利，以求保住自己的王位。战后，法国建立法兰西第一共和国，路易十六东窗事发，于1793年被处死。

路易十六

第一个黑人共和国是哪个国家

海地位于加勒比海北部，全称为海地共和国。印第安语意为"多山的地方"，面积2.78万平方千米。该国黑人占95%，因此有"黑人共和国"之称。居民多信奉天主教，官方语言为法语和克里奥尔语，90%居民使用克里奥尔语。1804年1月1日宣告独立，取国名海地，首都太子港，是世界上第一个独立的黑人国家。

拿破仑是怎样登上皇帝宝座的

拿破仑·波拿巴1769年出生在科西嘉岛的阿雅克肖,9岁被父亲送到法国里埃纳学校接受教育,1784年被选送到巴黎军官学校深造。在随部队驻防各地期间,他阅读了许多启蒙思想家的著作,其中卢梭的思想对他影响非常大。1793年7月,已经是少校的拿破仑带兵攻下了保王党的堡垒土伦,因此受到雅各宾派的赏识,被破格升为准将,这是欧洲军事史上的首次破例。1795年,他受巴黎督政官巴拉斯之托成功平定保王党武装叛乱,也就是著名的镇压保王党战役。拿破仑一夜之间荣升为陆军中将兼巴黎卫戍司令,开始在军界和政界崭露头角。1796年3月2日,26岁的拿破仑被任命为法兰西共和国意大利方面军总司令。在意大利,拿破仑统率的军队多次击退了奥地利帝国的维尔姆泽将军与萨丁组成的第一次反法同盟联军,最后迫使对方签署了有利于法兰西共和国的停战条约。1799年11月9日,拿破仑发动了"雾月政变"并获得成功,成为法兰西共和国第一执政,实际为独裁者。1802年8月,拿破仑修改共和八年宪法,改为终身执政。1804年11月6日,公民投票通过共和十二年宪法,法兰西共和国改为法兰西帝国,拿破仑·波拿巴为法兰西人的皇帝,称拿破仑一世。

❶雾月政变

百科加油站

拿破仑·波拿巴,原名拿破仑·布宛纳,法国近代资产阶级军事家、政治家、数学家。法兰西共和国第一执政,法兰西第一帝国皇帝、意大利国王、莱茵联邦保护人、瑞士联邦仲裁者。曾经征服和占领过西欧和中欧的广大领土。

❶1804年12月2日,拿破仑在巴黎为自己举行了盛大的加冕典礼。图为拿破仑加冕典礼场面。

《人间喜剧》作者是谁

《人间喜剧》是巴尔扎克以毕生精力完成的光辉篇章，堪称人类精神文明史上的奇迹。在这里，他以清醒的现实主义笔触，"给我们提供了一部法国社会，特别是巴黎上流社会的卓越的现实主义历史"。它再现了 1816 ~ 1848 年，也就是"王政复辟"到七月王朝期间广阔的社会图景。《人间喜剧》是巴尔扎克建造的文学大厦，其中包括96部长篇、中篇和短篇小说，分为"风俗研究""哲学研究""分析研究"三大部分。

△ 巴尔扎克

百科加油站

奥诺雷·德·巴尔扎克，法国 19 世纪伟大的批判现实主义作家，欧洲批判现实主义文学的奠基人和杰出代表，法国现实主义文学成就最高者之一。他创作的《人间喜剧》，写了 2400 多个人物，充分展示了 19 世纪上半叶法国社会生活，是人类文学史上罕见的文学丰碑，被称为法国社会的"百科全书"。

德意志西里西亚纺织工人为什么起义

19世纪三四十年代，西里西亚是德国纺织业最发达的地区，这里封建主义关系和资本主义关系交织在一起。工人阶级不仅要受到资本家和包买商的剥削，而且还要向地主缴纳贡赋和职业税，过着牛马般的生活，许多人在死亡线上挣扎着。据官方透露，在起义前，当地36 000名工人当中，就有几千人死于饥饿。19世纪40年代初，当地企业主为了同英国进行商品竞争，大幅度压低工资以降低生产成本，使工人生活雪上加霜。工人们对这种残酷剥削极为不满。1842年德国发生饥荒，仅西里西亚就饿死了6 000人，"饥民暴动"时有发生。1844年6月初，普鲁士王国西里西亚部分纺织工人迫于无奈要求增加工资，带工头以殴打工人作为回答，引起了广大工人的不满，此事便成为工人起义的导火索。1844年6月4日，德国西里西亚欧根山麓两个纺织村镇彼特斯瓦尔道和朗根比劳，终于爆发了纺织工人反对资本家剥削和压迫的自发起义。

△ 西里西亚纺织工人

1848 年欧洲革命是怎么回事

1848 年发生的欧洲革命，主要是欧洲平民与自由主义学者对抗君权独裁的武装革命。首先发起地点为意大利的西西里岛，后被波及的国家几乎涵盖全欧洲，仅俄国、西班牙及北欧少数国家未受影响。此次革命虽造成各国君主与贵族体制动荡，但是所有革命行动均以失败收场。这次革命是欧洲社会经济和政治发展的必然结果。当时欧洲已经开始进入大工业生产阶段，一方面是工业革命正在扩展，资本主义迅速发展。各国工业资产阶级经济力量得到加强，而政治上多数国家的工业资产阶级仍处于无权的地位或初掌政权，自由主义和民族主义在欧洲不断高涨。另一方面，是欧洲大部分国家还处在封建统治之下或受到其他民族的压迫。少数国家虽然也建立了资产阶级政权，但封建残余仍然阻碍着资本主义的发展，维也纳会议在欧洲所确立的反动封建体系也还存在着。资本主义和封建主义之间的矛盾越来越尖锐，这样革命就无法避免了。

○ 1848 年德国革命

《共产党宣言》是怎样诞生的

《共产党宣言》（又被译为《共产主义宣言》）是卡尔·马克思和弗里德里希·恩格斯为共产主义者同盟起草的纲领，是国际共产主义运动第一个纲领性文献，也是马克思主义诞生的重要标志。1847 年 11 月，共产主义者同盟第二次代表大会委托马克思和恩格斯起草一个周详的理论和实践党纲。马克思、恩格斯取得一致认识，并研究了宣言的整个内容和结构，由马克思执笔写成。1848 年 2 月，《宣言》在伦敦第一次以单行本问世。

○ 马克思和恩格斯起草的《共产党宣言》手稿

生物进化论的创始人是谁

查理·达尔文，19世纪英国杰出的生物学家、物种起源和发展学说的创始者、生物进化论的奠基人。他找到了生物发展的规律，证明所有的物种都有共同的祖先。达尔文的这一重大发现，对生物学具有划时代的意义，在科学上完成了一个伟大的革命，结束了生物学领域中唯心主义、形而上学的统治时期，对近代生物科学产生了巨大而深远的影响。恩格斯称达尔文的进化论为19世纪自然科学的三大发现之一。

🔴 查理·达尔文

百科加油站

《物种起源》是达尔文论述生物进化的重要著作，出版于1859年11月24日。该书大概是19世纪最具争议的著作，其中的观点大多数为当今的科学界普遍接受。在该书中，达尔文首次提出了进化论的观点。他使用自己在19世纪30年代环球科学考察中积累的资料，证明物种的演化是通过自然选择（天择）和人工选择（人择）的方式实现的。

🔴 达尔文在《物种起源》一书中，提出了人类起源于古猿的理论。

诺贝尔发明了什么

阿尔弗雷德·伯纳德·诺贝尔是瑞典化学家、工程师、发明家、军工装备制造商和炸药的发明者。他曾拥有 Bofors 军工厂，主要生产军火；还曾拥有一座钢铁厂。在他的遗嘱中，他利用他的巨大财富创立了诺贝尔奖，各种诺贝尔奖项均以他的名字命名。人造元素锘（Nobelium）就是以诺贝尔的名字命名的。

🔴 诺贝尔

明治维新对日本的影响有多大

明治维新是指19世纪末日本所进行的由上而下、具有资本主义性质的全面西化与现代化改革运动。政治上："废藩置县"，加强中央集权，颁布宪法。经济上："殖产兴业"，发展近代工业，兴办工业企业。承认土地私有，允许土地买卖，引进西方先进科技技术。社会上：采取"改历""易服""剪发"等措施。军事上：改革封建军制，建立近代化军队，对军人进行武士道教育。实行征兵制，建立一支崇尚"武士道"精神、效忠天皇的军队。文化上：派遣留学生到欧美国家学习，效仿西方建立从小学到大学的完整学校教育体系，向学生灌输忠君爱国思想。思想上：大力吸收西方的思想

日本明治天皇。日本明治改革促进了日本的现代化和西方化。

文化和社会风俗习惯，努力改造落后愚昧的社会风气，确立了国民皆学的方针，打破了传统的身份等级制度。在政府"求知识于世界"的开放政策下，掀起了传播启蒙思想的热潮。明治维新改革了落后的封建制度，通过学习西方，"脱亚入欧"，使日本迅速崛起走上了发展资本主义的道路。同时，日本废除了不平等条约，摆脱了民族危机，成为亚洲唯一能保持民族独立的国家。但明治维新具有不彻底性，在各方面还保留了大量封建残余。后来，日本走上了对外侵略的道路，跻身于世界资本主义列强的行列。

明治维新时期，葡萄牙人在日本。

美国为什么会爆发南北战争

19世纪，工业革命传到美国，美国经济迅速发展，南部奴隶制度成为美国社会经济发展的主要障碍。19世纪上半叶，在美国领土向西扩张的过程中，每当新州成立之际，就在该州内发生容许或禁止奴隶制存在的斗争。1854年在北方成立了共和党。同年，南方奴隶主企图用武力把奴隶制扩张到堪萨斯，于是在堪萨斯爆发了西部农民与来自自由州的移民反对南方奴隶主的武装斗争，斗争持续到1856年，揭开内战序幕。1857年，奴隶主又利用斯科特判决案企图把奴隶制扩展到美国全部领土上去，从而导致约翰·布朗起义。1860年主张废除奴隶制的林肯当选总统，南方奴隶主发动叛乱，南方蓄奴州纷纷独立，并于1861年2月组成邦联政府，戴维斯当选总统。同年4月，南方邦联军先发制人攻占萨姆特要塞，内战全面爆发。

❶南北战争中的葛底斯堡战役

百科加油站

南北战争是美国历史上一场大规模的内战，参战双方为美利坚合众国（简称联邦）和美利坚联盟国（简称邦联）。此战不但改变了当时美国的政经形势，导致奴隶制度在美国南方被最终废除，也对日后美国的民间社会产生巨大的影响。

为什么要成立国际红十字会

国际红十字会创立于1863年，创始人是瑞士人亨利·杜南。他向国际社会呼吁，制定一个国际法律，一旦发生战争，对交战双方的战俘要实行人道主义，保证伤员中立化，应不分国籍不分民族和信仰，全力抢救伤员，减少死亡。为了纪念杜南对世界红十字事业所作的贡献，国际红十字会与红新月协会执行理事会于1948年决定，将亨利·杜南的生日5月8日定为国际红十字日。

❶亨利·杜南

什么是巴黎公社

巴黎公社是一个在1871年3月18日（正式成立的日期为同年的3月28日）到5月28日期间短暂的统治巴黎的政府。由于评价者意识形态的不同，对它的描述也存在很大分歧：有人认为它是无政府主义；也有人认为它是社会主义的早期实验；更有人认为它是标志当代世界政治左翼运动崛起的里程碑，影响深远。马克思认为巴黎公社是对他的共产主义理论的一个有力证明，而俄罗斯无政府主义之父巴枯宁则对此持反对意见。因为它既没有依赖于一个先锋队，也没有掌控国家或者企图建立一个新的革命政府，所以它实际上还是无政府主义。

🔾 贝尔在电话试音

电话是谁发明的

发明电话的人叫亚历山大·格拉汉姆·贝尔。他1847年3月3日出生于苏格兰爱丁堡，1922年8月2日逝世于加拿大巴德克，是一位美国发明家和企业家。他发明了世界上第一台可用的电话机，创建了贝尔电话公司。

🔾 巴黎公社宣告成立时，广场上响起了巨大的欢呼声。

第二次工业革命是怎么回事

1870年以后，科学技术发展突飞猛进，各种新技术、新发明层出不穷，并迅速应用于工业生产，这就是第二次工业革命。科学技术的突出发展表现在电力广泛应用、内燃机和新交通工具创制、新通讯手段发明。

🔾 1879年，爱迪生发明了碳丝灯泡。

❓ 五一国际劳动节是怎么来的

　　五一国际劳动节简称五一节，在每年的5月1日。它是全世界劳动人民的共同节日。此节日来源于美国芝加哥的工人大罢工。1886年5月1日，芝加哥的20多万工人为争取实行8小时工作制而举行大罢工。经过艰苦的流血斗争，终于获得了胜利。为纪念这次工人运动，1889年7月14日，由各国马克思主义者召集的社会主义者代表大会，在法国巴黎隆重开幕。大会上，与会代表一致同意：把5月1日定为国际无产阶级的共同节日。这一决议得到世界各国工人的积极响应。1890年5月1日，欧美各国的工人阶级率先走上街头，举行盛大的示威游行与集会，争取合法权益。从此，每逢这一天世界各国的劳动人民都要集会、游行，以示庆祝。

🔺 美国芝加哥工人罢工游行，要求8小时工作制，受到镇压。

❓ 美西战争是怎么爆发的

　　19世纪末，美国进入了帝国主义时期。美国垄断资本财团迫切需要开辟新的市场、投资场所和原料产地，于是各种宣传机器大造对外扩张的舆论。但是这时，整个世界已被老牌殖民大国瓜分完毕。美国想重新瓜分世界殖民地，但因力量有限，还无力同英法等国相抗衡，发现只有老朽帝国西班牙是个好目标。这时的西班牙已是日薄西山，昔日的庞大帝国仅剩下古巴、波多黎各和亚洲的菲律宾等殖民地。美国决定首先拿西班牙开刀，夺取这几个西班牙殖民地，以便控制中美洲和加勒比地区，并取得向远东和亚洲扩张的基地。这时，西属殖民地人民的斗争也给美国创造了有利条件：菲律宾和古巴先后爆发了反对西班牙殖民统治的武装起义，古巴起义军牵制了西班牙的20万大军。美国抓住这一"天赐良机"，借1898年2月15日的"缅因"号事件，大造战争舆论，并于4月25日正式向西班牙开战。

🔺 美西马尼拉海战

❓ 是谁发明了飞机

　　自从远古时代，人类就梦想着像鸟一样在天空中自由飞翔，虽然无数次尝试都失败了，但人类始终没有放弃飞翔的梦想。到了近代，人们更是把飞翔的梦想寄托在飞行器上，终于在20世纪初叶，美国的发明家莱特兄弟发明了一个飞行器，人类飞上蓝天的梦想终于成了现实。

　　威尔伯·莱特和奥威尔·莱特兄弟出生于牧师家庭。虽然都没有读过大学，但多年来他们一直从事制作升空装置的实践和经营修造脚踏车的生意，因而有丰富的感性知识和精巧的加工手艺。1898年，莱特兄弟在翻阅了大量关于飞行的书刊和剖析前人失败经验的基础上，经过多次实验后，制造了一部滑翔机。1903年12月17日，莱特兄弟驾驶自己的第一架飞机在美国北卡罗来纳基蒂霍克村外不远的空旷沙滩上试飞成功，开创了人类飞行的新时代。不久，莱特兄弟又研制成了能飞行半个多小时的飞机，1906年获得了美国的承认和专利。1908年，他们又成立了自己的飞机制造公司，成为世界航空事业和飞机制造工业的开端。

❶ 莱特兄弟

> **➡ 百科加油站**
>
> 　　飞机具有两个最基本的特征：其一是它自身的密度比空气大，并且它是由动力驱动前进；其二是飞机有固定的机翼，机翼提供升力使飞机翱翔于天空。

❶ 1903年12月17日，莱特兄弟成功地进行了世界上第一次有动力驱动的重于空气的飞行器的飞行。

唯一两次获得诺贝尔奖的女科学家是谁

1901年12月10日，诺贝尔逝世5周年的日子，诺贝尔奖首次颁发。就像现代奥林匹克运动会一开始没有女性一样，首次颁奖的诺贝尔奖台上，也没有女性的身影。然而，仅仅两年后，这一局面便被一位强有力的女性所打破，她就是居里夫人。玛丽亚·居里，由于与丈夫埃尔·居里一起开创了对放射性物质的研究，并发现了镭而在1903年获得物理学奖，成为世界上第一位诺贝尔科学奖的女性获奖人。1911年，她因提炼和分离镭，并研究了镭的性质而再次获得诺贝尔化学奖。

她是世界上第一个曾两次荣获诺贝尔奖的科学家，也是迄今为止唯一两次获得诺贝尔奖的女科学家，她也因此成为20世纪最有声望的女人。

居里夫妇和他们的女儿

加富尔，意大利王国第一任首相，被誉为促成意大利统一的建筑师和"现代意大利的大脑"。

意大利是怎么统一的

19世纪中期，意大利不仅处在分裂状态，而且大部分地区和邦国受到外国控制。资本主义经济的发展要求把统一提上日程，且为统一创造了客观条件。撒丁王国担负起了统一的任务。加富尔任撒丁王国宰相后，通过改革与战争为统一奠定了物质基础：1859年，联合法国对奥作战，1860年基本完成了北部意大利的统一；1860年，加里波第组成"红衫军"，远征南部两西西里王国，使其交出政权，合并于撒丁王国。1861年，意大利北部、南部基本统一，意大利王国宣告成立。1870年最终完成统一大业。

你知道国际护士节的来历吗

1854~1856年间，英法联军与沙俄发生激战。在英国一家医院任护士主任的南丁格尔，带领38名护士奔赴前线，参加护理伤病员的工作。她还在英国伦敦创办了世界上第一所正规的护士学校。她的护士工作专著，成了医院管理、护士教育的基础教材。

鉴于南丁格尔推动了世界各地护理工作和护士教育的发展，因此被誉为"近代护理创始人"。南丁格尔1910年逝世后，国际护士理事会把她的生日5月12日定为"国际护士节"。

❶南丁格尔提灯铜像

百科加油站

弗洛伦斯·南丁格尔，因她在克里米亚进行护理而闻名，被誉为"提灯女神"。1908年3月16日，她在88岁高龄时被授予伦敦城自由奖。她是世界上第一个真正的女护士，开创了护理事业。

第一次世界大战是怎样爆发的

第一次世界大战的爆发是帝国主义两大军事侵略集团相互争夺、疯狂扩军备战的结果。19世纪末20世纪初，帝国主义各国之间，由于政治、经济发展不平衡，后起的经济发展迅猛的帝国主义国家，要求重新瓜分世界。两大敌对军事侵略集团为了争夺霸权和殖民地，都在积极地准备战争，进行疯狂的扩军备战，第一次世界大战的爆发，已经不可避免了。1914年6月28日的萨拉热窝事件，成为第一次世界大战的导火线。德奥把这个事件看成是发动战争的极好借口，趁机挑起了第一次世界大战。萨拉热窝事件后，奥匈帝国决心以此事件为借口吞并塞尔维亚。7月28日，奥匈帝国向塞尔维亚宣战。以后的一周间，德、俄、法、英相继投入战争，交战的一方为同盟国的德、奥，另一方为协约国的英、法、俄。这样，第一次世界大战就全面爆发了。

❶萨拉热窝事件

俄国十月革命有什么意义

俄国十月革命是人类历史上社会主义革命的第一次胜利，建立了第一个无产阶级领导的社会主义国家，开辟了人类探索社会主义道路的新时代，使马列宁主义传遍世界，极大地震撼了资本主义世界。十月革命向全世界宣告崭新的社会制度由理想变为现实。它在人类历史上第一次消灭了剥削和压迫的不平等社会，第一次尝试建设公平正义共同富裕的美好社会。

十月革命改变了俄国历史的发展方向，用社会主义方式改造俄国的道路，对整个人类社会的发展都产生了巨大的影响。同时，十月革命沉重地打击了帝国主义的统治，极大地鼓舞了国际无产阶级革命运动和殖民地半殖民地被压迫民族的解放运动。

1917 年 11 月 7 日(俄历 10 月 25 日)，在列宁和托洛茨基等人的领导下，俄国爆发了十月革命。

为什么要召开巴黎和会

为了确立美国在第一次世界大战后的世界霸权，美国总统威尔逊授命其助理豪斯，组成专门机构研究战后和会问题。

英国外交部也组织一批专家探讨一旦大战结束英国对和会的对策。1918 年 1 月，威尔逊提出"十四点原则"后，豪斯到达巴黎，与法、英、意等国政府首脑就召开战后和会问题进行磋商。

1919 年 1 月，协约国在巴黎凡尔赛宫举行了巴黎和会。下图从左至右依次为：英、意、法、美四国首脑。

国际妇女节是怎么来的

第一次世界大战前，战争的阴影笼罩着世界，帝国主义企图重新瓜分殖民地。1910年8月，17个国家的代表在丹麦首都哥本哈根召开了国际社会主义者第二次妇女代表大会。会议讨论的主要议题是反对帝国主义扩军备战，保卫世界和平；同时还讨论了保护妇女儿童的权利，争取8小时工作制和妇女选举权等问题。领导这次会议的德国著名社会主义革命家、杰出的共产主义战士克拉拉·蔡特金倡议，以每年的3月8日作为全世界妇女的斗争日，得到与会代表的一致拥护。从此以后，"三八"妇女节就成为世界妇女争取权利、争取解放的节日。

↷德国妇女运动领袖克拉拉·蔡特金

甘地为什么被称为"圣雄"

甘地是印度民族运动的领袖，曾积极领导印度人民反对英国的殖民统治。他采用的反抗方式很奇特，叫"非暴力不合作运动"，从1919年到1943年，甘地先后领导过4次这样的运动。他曾17次绝食斗争，12次被英国殖民当局逮捕，其中9次坐牢。甘地为印度的民族解放奋斗了一生，深深赢得了印度人民的崇敬，被称为"圣雄""国父"。

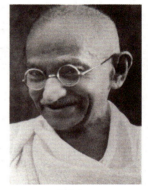
↷甘地

爱因斯坦有哪些贡献

爱因斯坦是人类历史上最具创造性才智的人物之一。他一生中开创了物理学的四个领域：狭义相对论、广义相对论、宇宙学和统一场论。他是量子理论的主要创建者之一，在分子运动论和量子统计理论等方面也作出了重大贡献。

> **百科加油站**
>
> 爱因斯坦，美籍德国犹太裔，理论物理学家，相对论的创立者，现代物理学奠基人之一。1921年获诺贝尔物理学奖，1999年被美国《时代周刊》评选为"世纪伟人"。

↷爱因斯坦

❓ 第一次经济大危机是在什么时候爆发的

1929年秋，美国爆发了迄今为止经济发展史上最严重的经济危机。这场危机迅速向外蔓延，形成了整个资本主义发展史上持续时间最长、波及范围最广、经济损失最重、影响程度最深的20世纪30年代经济大危机。在美国经济大危机的严峻时刻，胡佛政府采取了一些干预措施，但都以彻底失败而告终。胡佛干预经济的失败，绝不仅仅是胡佛个人的失败。正如他采取干预经济的政策一样，都标志着统治美国经济百年之久的放任主义的失败。

🔵 1929年大萧条下美国一家银行出现的挤兑情况

百科加油站

富兰克林·德拉诺·罗斯福，美国历史上唯一蝉联四届（第四届未任满）的总统。罗斯福在20世纪的经济大萧条和第二次世界大战中扮演了重要的角色。被学者评为美国最伟大的三位总统之一，同华盛顿和林肯齐名。

❓ 希特勒是如何从流浪汉登上权力顶峰的

阿道夫·希特勒，奥地利裔德国政治人物。1921年成为纳粹党党魁，1933年被任命为德国总理，1934年成为德国元首。他被公认为是二战的主要发动者。第二次世界大战期间，他兼任德国武装力量最高统帅。在二战前期，德国及其他轴心国占领了大部分的欧洲、北非、东亚及太平洋诸岛屿。然而1942年之后，盟军开始反攻，德军渐居劣势。1945年德国战败，希特勒的下落成为历史之谜。不仅如此，希特勒本身就是一个充满未解之谜的人物——一个非德国本土出生的人，既没有政治经验，也没有资金和政治背景，居然成为了德国元首，并发动了改变世界历史进程的二战。一战刚败，经济大萧条，希特勒运用了这一非常时期和他出色的演讲才能，使他的复仇思想与全德国人达成共识。他用演讲向各个阶层的工人、农民保证，如果在全国大选中投他的纳粹党一票，他就保证德国的经济能够复兴。所以纳粹党成为全国第一大党，他又在竞选中获得了总理的宝座，在兴登堡去世之后就理所当然地兼职了总统的职位，成为德国的元首。

🔵 希特勒

❓ 纳粹分子为什么要对犹太人进行种族灭绝

迄今为止,关于纳粹的兴起和大屠杀发生的原因有几种解释。其一,认为希特勒的国家社会主义的思想体系主要是针对俄国的布尔什维克。这种看法的代表是德国的历史学家恩斯特·诺尔特。他认为俄国十月革命以暴力消灭资产阶级的行动使德国的上层社会感到恐惧,又因为其领导人中不

🔵 纳粹集中营里的犹太人

少是犹太人,故而激发起德国的反布尔什维克浪潮和反犹情绪,最后导致了大屠杀。他还认为,布尔什维克的暴力革命同时又成为纳粹的"榜样"。他的看法在几十年前曾引起研究纳粹史的专家们的一场大辩论。其二,以法国历史学家弗朗索瓦·菲雷为代表,认为国家社会主义无非是一场反共产主义运动,二者都是反对欧洲的自由主义传统的。其三,就是因一部《希特勒心甘情愿的打手》而名噪一时的美国青年历史学家丹尼尔·戈德哈根的观点。他认为,大屠杀的根源只要到德国的历史传统中去找就够了。德国从马丁·路德的宗教改革以来就有反犹传统,只是希特勒把其推到了极致。简言之,他认为,反犹就是一种"德国病"。

🔵 奥斯维辛集中营是纳粹德国时期建立的劳动营和灭绝营之一,有"死亡工厂"之称。今日已成为博物馆和纪念地。

第二次世界大战爆发的原因是什么

二战的爆发是一战的遗祸造成。一战后战胜国对战败国的惩罚甚巨，让德国长期处于濒临破亡的状态。后来，希特勒的执政使德国摆脱落后，重新成为欧洲强国，并在政治上掀起国民的复仇情绪，尤其是对犹太人的复仇（一战除了犹太人谁都是输家，一战时犹太人大发战争财，在别人漂泊殒命时自己暗自狂乐，使反犹运动不只在德国高涨……）。开始强盛的德国便开始了自己一步步的扩张——先和奥地利合并（奥地利人和德国普鲁士人一样，都是日耳曼民族，有共同的文化和语言，同为被严重惩罚的一战战败国——奥匈帝国），吞并苏德台区，之后是捷克斯洛伐克，而二战正式爆发的标志是德国入侵波兰。

🔴 1939 年 9 月 1 日凌晨，德国出动数量庞大的飞机、装甲兵力，向波兰发起大规模机动战，第二次世界大战正式爆发。

日本为什么要偷袭珍珠港

自从 1937 年日本全面发动侵华战争以来，美日关系逐渐恶化。到 1940 年，由于受德国席卷中、西欧的刺激，加上对华战争一时难以取得决定性战果，国内对战略物资（尤其是石油）的需求又日渐迫切，日本决定加大向东南亚扩张的进度，从而引起了美方的极度不安。美国在 1941 年开始对日本进行石油禁运和冻结日本在美国的存款，日本遭遇到严重的能源危机，日本资源相当的贫乏，根本无法补充巨大的战争消耗，当时日本的石油储备只能用半年的时间，与其坐以待毙，不如主动出击，迅速地打下东南亚，夺取东南亚地区丰富的油气资源供战争的需求。太平洋上的珍珠港是交通的主要枢纽，日本认为先在太平洋上夺取制空制海权就意味着南下的道路畅通无阻，必须先摧毁珍珠港，于是日本策划了偷袭珍珠港事件。

🔴 日军袭击珍珠港

百科加油站

1941 年 12 月 7 日清晨，日本海军的航空母舰舰载飞机和微型潜艇突然袭击美国海军太平洋舰队在夏威夷基地珍珠港以及美国陆军和海军在欧胡岛上的飞机场。太平洋战争由此爆发。这次袭击最终将美国卷入第二次世界大战，它是继 19 世纪中墨西哥战争后第一次另一个国家对美国领土的攻击。这个事件也被称为"珍珠港事件"或奇袭珍珠港。

你听过斯大林格勒保卫战吗

斯大林格勒会战，又称斯大林格勒保卫战，是二战中苏联卫国战争的主要转折点，也是第二次世界大战的转折点，同时也是人类历史上最为血腥和规模最大的战役之一。1942年5月，德军横扫苏联西南地区，逼近斯大林格勒。德国空军对苏联南部城市斯大林格勒进行了大规模轰炸行动，德军攻入市区，双方展开巷战。苏联红军进行反击，最终合围全歼轴心国部队。轴心国一方在这场战役中损失了其在东线战场四分之一的兵力，从此一蹶不振直至最终溃败。对苏联而言，这场战役的胜利标志着收复沦陷领土的开始，最终迎来1945年5月对纳粹德国的最后胜利。

苏联二战时期最著名的海报：祖国——母亲在召唤！它号召广大青壮年拿起武器，奔赴前线抗击德军的进攻。

诺曼底登陆是怎么回事

诺曼底登陆是第二次世界大战中盟军在欧洲西线战场发起的一场大规模攻势，战役发生在1944年6月6日早6时30分。这场战役在8月19日盟军渡过塞纳—马恩省河后结束。诺曼底战役是目前为止世界上最大的一次海上登陆作战，牵涉近300万士兵渡过英吉利海峡前往法国诺曼底，诺曼底登陆成功，英美军队重返欧洲大陆，使第二次世界大战战略形势发生了根本性变化。

诺曼底登陆犹他海滩

❓什么是雅尔塔会议

雅尔塔会议（又称"克里木会议"）是美国、英国和苏联三个大国在1945年2月4日至2月11日之间，在黑海北部的克里木半岛的雅尔塔皇宫内举行的一次关于制定二战后世界新秩序和列强利益分配问题的一次关键性的首脑会议。

百科加油站

雅尔塔会议是第二次世界大战中的一次重要国际会议。它协调了苏联与美英之间的关系，取得了相互谅解，加强了反法西斯统一战线的团结，有利于动员盟国全部力量，最终打败德意日法西斯。它对战后一些重大国际问题进行了讨论，并作出了一定的安排。

❍ 在雅尔塔会议期间，丘吉尔、罗斯福、斯大林三人的合影。

❍ 原子弹爆炸后，在广岛上空形成的蘑菇云。

❓美国为什么要向日本投原子弹

美国人虽然取得了世界上第一次核试验的成功，但这种武器用于实战到底能怎么样，美国人心里并没有数。后来，尽管美国人在太平洋战场取得了根本性的胜利，但要迫使日本投降，还有一定难度。日本当时正在本土进行动员，扬言要全国玉碎，抗击美军登陆，要美军伤亡400万。这也是美国领导人很担心的事情，于是，美国决定将这种最新武器在日本进行实验，这便有了广岛、长崎惨烈的原子弹爆炸。

东京审判是怎么回事

　　1946年5月，由中、美、英、苏、等11个国家组成的远东军事法庭，对日本28名甲级战犯进行审判。28名被告前十位是：东条英机、土肥原贤二、松井石根、板垣征四郎、广田弘毅、武藤章、木村兵太郎、荒木贞夫、平沼骐一郎、重光葵。远东军事法庭从1946年5月3日第一次开庭起，到1948年1月2日审判完毕，其间开庭818次，审判记录共48412页，有419人出庭作证，有779人书面作证，受理证据4300余件，判决书长达1213页。国际法庭于1948年11月4日开始宣判：判处东条英机、板垣征四郎、土肥原贤二、松井石根、广田弘毅、木村兵太郎及武藤章绞刑，1948年12月22日执行。

　　东条英机，在第二次世界大战期间曾任日本的大将和第四十任内阁首相，亲自发动了侵华战争和对亚洲其他国家的侵略战争，还策划了偷袭美国珍珠港等军事行动。战后被远东国际军事法庭定为二战甲级战犯。

　　远东国际军事法庭现场

为什么要建立联合国 并把总部设在纽约

我们在电视上经常会看到联合国，会听到联合国秘书长如何如何，那么，联合国到底是什么样的组织呢？ 1943年第二次世界大战期间，中、苏、英、美发表了《关于普遍安全的宣言》，声明有必要建立一个以国家主权平等原则为基础的普遍性的国际组织，以维持国际的和平安全。这个宣言发表后，经过广

◯ 联合国会旗

泛的磋商，各国代表于1945年4月～6月在旧金山召开了联合国宪章制宪会议，各国代表讨论并签订了《联合国宪章》。同年10月24日，宪章开始生效，联合国正式成立。随后由美国国会邀请，将联合国总部设在纽约长岛成功湖。后来美国财阀约翰·洛克菲勒用850万美元买了现在联合国总部这块矩形的土地，捐赠给联合国。美国政府贷款6500万美元，在这块7.3公顷的土地上，修建了联合国总部。

◯ 纽约市联合国总部大楼

国际儿童节为什么要定为每年6月1日

6月1日是全世界小朋友的节日,可是大家知道为什么要定在6月1日吗?原来,早在1949年12月国际民主妇女联合会会议上,参加会议的代表为了保证全世界儿童的生存权、保健权和受教育权,提出了每年的6月1日为国际儿童节的建议。从此以后,每年的6月1日,各国儿童举行集会,庆祝自己的节日。1950年3月30日我国教育部发出通知,规定每年6月1日为儿童节。

什么是欧洲联盟

欧洲联盟,简称欧盟(EU),总部设在比利时首都布鲁塞尔,是由欧洲共同体(European Community,又称欧洲共同市场)发展而来的。其成立主要经历了三个阶段:荷卢比三国经济联盟、欧洲共同体、欧盟。这是一个集政治实体和经济实体于一身,在世界上具有重要影响的区域一体化组织。1991年12月,欧洲共同体马斯特里赫特首脑会议通过《欧洲联盟条约》,通称《马斯特里赫特条约》。1993年11月1日,《马约》正式生效,欧盟正式诞生。

◉ 各式欧盟货币,包括纸币和硬币。

百科加油站

欧元是欧盟中17个国家的货币。欧元由欧洲中央银行和各欧元区国家的中央银行组成的欧洲中央银行系统负责管理。总部坐落于德国法兰克福的欧洲中央银行,有独立制定货币政策的权力。

◉ 北大西洋公约组织旗帜

北约是个什么组织

第二次世界大战结束后,美国推行遏制苏联的战略,1949年4月4日与加拿大、英国、法国、比利时、荷兰、卢森堡、丹麦、挪威、冰岛、葡萄牙、意大利共12国在华盛顿签订了《北大西洋公约》,宣布成立北大西洋公约组织,公约于1949年8月24日生效。到目前为止,共有28个成员国。组织机构主要有北大西洋理事会、防务计划委员会、常设代表理事会等。欧洲盟军最高司令历来由美国将领担任。北约就重大国际问题进行磋商合作,协调立场,加强集体防务,每年举行各种联合军事演习。北约拥有大量核武器和常规部队,是西方重要的军事力量。

为什么要把每年 6 月 5 日定为"世界环境日"

❶ 随处可见的生活垃圾令人触目惊心

在当今社会,环境问题越来越影响到我们的生活,因此,爱护环境成为我们切实的责任。在"地球日"活动的影响下,1972 年 6 月 5 日,在瑞典斯德哥尔摩召开了联合国人类环境会议,会议提出了一个响彻世界的口号——"只有一个地球",还发表了著名的《人类环境宣言》。《人类环境宣言》提出 7 个共同观点和 26 项共同原则,引导和鼓励全世界人民保护和改善人类环境。《人类环境宣言》规定了人类对环境的权利和义务,呼吁"为这一代和将来世世代代而保护和改善环境"。因此将 6 月 5 日这天定为"世界环境日"。

❶ 科技发展的背后是对生活环境的严重污染

人类第一次登上月球是什么时候

人类探索宇宙的历程经历了许多挫折和磨难,也取得了辉煌的成就。1957 年 10 月 4 日,苏联发射第一颗人造地球卫星,1961 年 4 月 12 日,第一位航天员加加林进入太空。1969 年 7 月 16 日,美国宇航员尼尔·阿姆斯特朗、埃德温·奥尔德林、迈克尔·科林斯搭乘"阿波罗 11 号"飞船,在美国东部时间下午 4 时 17 分 42 秒,从美国肯尼迪角发射场点火升空,开始了人类首次登月的太空飞行,这是人类第一次踏上月球。这次壮举不光是航天技术的伟大进步,更是人类向太空渗透、探索宇宙奥秘的新里程碑!登月的成功也为人类开拓了新的疆域,为开发利用其他星球创造了条件。所以这是世界航天史上具有划时代意义的一项成就。

❶ 登上月球的奥尔德林,面罩上映出为他拍照的阿姆斯特朗。

百科加油站

月球,俗称月亮,是环绕地球运行的一颗卫星。它是地球唯一的天然卫星,也是离地球最近的天体(与地球之间的平均距离是 384 400 千米)。

海湾战争是怎么回事

当今世界很不平静，海湾战争就是一个缩影。海湾战争是指以美国为首的多国联盟在联合国安理会授权下，为恢复科威特领土完整而对伊拉克进行的局部战争。1990年8月2日，伊拉克军队入侵科威特，推翻科威特政府并宣布吞并科威特。以美国为首的多国部队在取得

美 F—15E 参加 1991 沙漠风暴

联合国授权后，于1991年1月16日开始对科威特和伊拉克境内的伊拉克军队发动军事进攻，主要战斗包括历时42天的空袭，在伊拉克、科威特和沙特阿拉伯边境展开的100小时的陆战。多国部队以较小的代价取得决定性胜利，重创伊拉克军队。伊拉克最终接受联合国660号决议，并从科威特撤军。

海湾战争是第二次世界大战后，世界上发生的最大的一场局部战争。这场战争是特定时代的产物：它深刻地反映了20世纪80年代末期世界的基本矛盾，是这些矛盾局部激化的必然结果；它体现了人类社会生产力特别是科学技术的发展所引起的战争特征的革命性变化；它展示了新的作战手段和作战思想运用于战争而产生的作战样式的诸多新特点。

1990 年美国"布立顿号"巡防舰开进波斯湾海域

克隆技术是什么时候问世的

克隆技术的设想是由德国胚胎学家1938年首次提出，1952年科学家首先用青蛙进行科学技术的研究。世界上第一个用体细胞克隆出动物的科学家是英国胚胎学家伊恩·威尔穆特。1996年7月24日，在罗斯林研究所诞生的胚胎细胞克隆绵羊小多利，再次在全球范围内引发新的克隆震撼。从此以后，克隆技术迅速在全球展开，并取得

❶ 克隆羊多利

了越来越多的成就。 英国2001年通过《人类胚胎学法案》，使其成为世界上第一个立法批准克隆人类胚胎的国家。尽管英国允许以医疗为目的的克隆人类胚胎研究，但用于生殖目的的克隆人类胚胎研究，也就是俗称的"克隆人"，在这个国家仍然是非法的。 在联合国大会上，美国倡议应该禁止所有形式的克隆人研究，而比利时等国则呼吁应该禁止用于生殖目的的克隆人研究，并由各国自行制定有关治疗性克隆人类胚胎的法案。

"9·11"事件是怎么回事

9月11日对于美国来说是一个灾难的日子，为什么这样说呢？那是因为美国东部时间2001年9月11日上午（北京时间9月11日晚上），美国发生了恐

❶ 世贸中心崩塌后成为一片废墟

怖分子劫持的4架民航客机撞击纽约世界贸易中心和华盛顿五角大楼的历史事件。包括美国纽约地标性建筑世界贸易中心双塔在内的6座建筑被完全摧毁，其他23座高层建筑遭到破坏，美国国防部总部所在地五角大楼也遭到袭击。

2004年印度洋地区海啸给我们的警示是什么

2004年12月26日，印度洋地区发生的地震和海啸约造成高达15万人死亡。这一令人触目惊心的数字，印证了巨大灾难的无情和凶残。这场世纪大劫难震惊了整个世界，也给我们带来深刻的警示。一，必须高度重视防灾减灾体系建设。二，必须尽快完善灾害预警应急机制。这次印度洋海啸的最大教训是预警机制的缺乏。如果早有预警机制，这次灾难肯定不会死这么多人。三，必须加强全民防灾教育。这次海啸之所以伤亡惨重，与许多居民缺乏对海啸的了解和防灾避险知识有关。我们应该借鉴发达国家的经验，在各级学校、村镇、社区，将防灾减灾知识列入教育内容，这样可以提高广大群众在发生灾害时的自救和施救能力。作为学生，要学会基本的防灾知识，积极参加防灾演练，掌握各种逃生技能，愿大家能从中有所体会。

百科加油站

海啸是由水下地震、火山爆发或水下塌陷和滑坡等大地活动造成的海面恶浪，并伴随巨响的现象。是一种具有强大破坏力的海浪，是地球上最强大的自然力。

❶海啸造成生命财产的损失

传说中的"盘古开天地"是怎么回事

传说在天地还没有开辟以前，宇宙就像一个大鸡蛋一样混沌一团。有个叫盘古的巨人，在这个"大鸡蛋"中一直酣睡了约18 000年。醒来后他发现周围一团黑暗，于是盘古张开巨大的手掌向黑暗劈去。一声巨响，"大鸡蛋"碎了：千万年的混沌黑暗被搅动了，其中又轻又清的东西慢慢上升并渐渐散开，变成蓝色的天空；而那些厚重混浊的东西慢慢地下降，变成了脚下的土地。盘古站在这天地之间非常高兴。但他很怕天地再合拢起来，变成以前的样子，于是他就用手撑着青天，双脚踏着大地，让自己的身体每天长高一丈，天地也随着他的身体每天增高一丈。这样又过了18 000年，天越来越高，地越来越厚，盘古的身体长得非常非常高了。盘古凭借着自己的神力终于把天地开辟出来了。可是，盘古也累死了。盘古临死前，他嘴里呼出的气变成了春风和天空的云雾；声音变成了天空的雷霆；他的左眼变成了太阳，右眼变成了月亮；头发和胡须变成了夜空的星星；他的身体变成了东、西、南、北四极和雄伟的三山五岳；血液变成了江河；筋脉变成了道路；肌肉变成了农田；牙齿、骨骼和骨髓变成了地下矿藏；皮肤和汗毛变成了大地上的草木；汗水变成了雨露。传说，盘古的精灵魂魄也在他死后变成了人类。所以，都说"盘古开天地"。

⚲ 盘古开天地

传说中的女娲是如何造人的

相传在很久很久以前，有一位女神叫女娲，行走在莽莽的原野上。她放眼四望，山岭起伏，江河奔流，丛林茂密，草木争辉；天上百鸟飞鸣，地上群兽奔驰，水中鱼儿嬉戏，草中虫豸跳跃，这世界按说也点缀得相当美丽了。但是她总觉得有一种说不出的寂寞。山川草木、虫鱼鸟兽都不明白她的心思。她颓然坐在一个池塘旁边，茫然面对池塘中自己的影子。忽然一片树叶飘落池中，使她的影子也微微晃动起来。她突然觉得心头的死结解开了，是呀！为什么她会有那种说不出的孤寂感？原来是世界缺少一种像她一样的生物。想到这儿，她马上用手在池边挖了些泥土，和上水，照着自己的影子捏了起来。捏好后往地上一放，居然活了起来。她把这些小东西叫做"人"。

🔴 女娲造人

百科加油站

轩辕黄帝为中华民族始祖，人文初祖，中国远古时期部落联盟首领。少典之子，本姓公孙，长居姬水，因改姓姬，居轩辕之丘（在今河南新郑西北），故号轩辕氏。出生、创业和建都于有熊（今河南新郑），故亦称有熊氏，因有土德之瑞，故号黄帝。他因首先统一中华民族的伟绩而载入史册。

🔴 黄帝陵

为什么中国人以炎黄子孙自称

今天，人们常用"炎黄子孙"来称呼中国人，而我们中国人也以自己是"炎黄子孙"为荣。这是为什么呢？

"自从盘古开天地，三皇五帝到如今"，中国古代劳动人民一直认为盘古是开天辟地的英雄，而三皇五帝把很多生产与生活技能传授给人们，使人类摆脱了茹毛饮血的原始生活，进入了文明发展的时期。炎帝和黄帝就是三皇五帝中相当了不起的人物。炎帝，即神农氏，是他首先发明了种谷技术；黄帝首先统一了中华民族。他们对人类的发展都作出了巨大的贡献，是开创中华民族古代文明的先祖。中华儿女为了世世代代永远纪念他们，就自称是"炎黄子孙"。

仓颉是怎么造字的

仓颉是黄帝时期的造字史官。相传,仓颉"始作书契,以代结绳"。在此以前,人们结绳记事,即大事打一大结,小事打一小结,相连的事打一连环结。后又发展到用刀子在木竹上刻符号作为记事。随着历史的发展,文明渐进,事情繁杂,名物繁多,用结和刻木的方法远不能适应需要,仓颉决心创造出一种文字来。有一年,仓颉到南方巡狩,登上一座阳虚之山(在现在陕西省洛南县),临于玄扈洛汭之水,忽然看见一只大龟,龟背上面有许多青色花纹。仓颉看了觉得稀奇,就取来细细研究。他看来看去,发现龟背上的花纹竟是有意义可通的。仓颉日思夜想,到处观察,看尽了天上星宿的分布、

↪仓颉造字

地上山川脉络的样子、鸟兽虫鱼的痕迹、草木器具的形状,通过描摹绘写,造出种种不同的符号,并且定下了每个符号所代表的意义。他按自己的心意用符号拼凑成几段,拿给人看,经他解说,倒也看得明白。仓颉把这种符号叫做"字"。

尧为什么会把帝位禅让给舜

尧在位70年,感觉到有必要选择继任者。他请四方诸侯推荐人选。大家推荐了舜,尧决定先考察一番。尧把自己的两个女儿娥皇、女英嫁给舜,从两个女儿那里考察他的德行,看他是否能理好家政。舜和娥皇、女英住在沩水河边,依礼而行事。尧派舜负责教导臣民"五典"——即父义、母慈、兄友、弟恭、子孝这五种美德指导自己的行为,臣民都乐意听从。尧又让舜总管百官,处理政务。尧还让舜在国都四门负责接待四方前来朝见的部落首领。最后,尧让舜独自去山麓的森林中,经受大自然的考验。经过三年的考察,尧认为舜确实德才兼备,便决定将帝位禅让于舜。

↪尧帝

大禹治水为什么能够成功

传说古时候中原地带常闹水灾，尧帝就命令鲧去治水。鲧只知道筑堤挡水，结果洪水仍然泛滥。舜继承了尧的帝位以后，决定任命鲧的儿子禹主管治水工程。于是禹就出发治水去了。他背着测量用的工具，登高山、立标志、跑九州、测地形，不顾雨雪泥泞，日日夜夜奔走在治水工地上。他三次路过自己的家门，都没有进去看一下自己的妻子和儿子。就这样，他历尽辛苦，殚精竭虑地工作了整整十三个年头，带领百姓开辟了九州的道路，疏通了九条大河，整治了九片大泽，凿通了九座大山，终于治好了洪水，安定了九州，使原来洪水泛滥的地方成了鱼米之乡。

○ 大禹像

> **➡百科加油站**
>
> 禹，姒姓，夏后氏，名文命，号禹，后世尊称大禹，夏后氏首领。传说为帝颛顼的曾孙，黄帝轩辕氏第六代玄孙。其父名鲧，母亲为有莘氏女修己。相传禹治黄河水患有功，受舜禅让继帝位。

谁是夏朝第一位国君

传说尧舜禹时期，首领继承人的选择采用举荐方式，让贤能之人来接班，史称"禅让"，所以有尧举舜、舜举禹的故事。禹继位后，先举荐皋陶为继承人，但皋陶早卒。禹又举荐益为继承人。禹死后，禹之子启攻打益而取得天下，建立夏朝，由此开始确立了以父死子继的世袭制为核心的家天下王朝体制。禅让制被破坏了，代之以家族式的王位世袭制这一全新的制度。因此，有些学者认为夏朝的建立者是启，称为"夏启建国"。不过，从司马迁开始，史学家们大多将夏朝的开始从大禹算起。自禹到履癸（桀），共传14世、17王，前后经历了约471年。

夏朝是怎样灭亡的

夏代末年，王室内政不修，外患不断，阶级矛盾日趋尖锐。夏桀即位后不思改革，骄奢淫逸，挥霍无度。大臣忠谏，他囚而杀之。四方诸侯也纷纷背叛，夏桀陷入内外交困的孤立境地。商汤看到伐桀的时机已经成熟，乃以"天命"为号召，说"有夏多罪，天命殛之"，要求大家奋力进攻，以执行上天的意志。鸣条之战，商汤的军队战胜夏桀的军队，桀出逃后死于南巢，夏王朝从此灭亡。

盘庚为什么迁都

盘庚是我国商代一位很有作为的国王，"盘庚迁都"是著名的历史事件。事件的原因是：首先是由于殷地的土地比较肥沃，自然环境和当时的都城奄比起来，无论是建设都城还是发展农业生产，都要好很多。其次是为了抑制奢侈，倡导节俭，借以缓和阶级矛盾。再次是通过迁都镇压异己，巩固王位。有些小国和少数民族起来反叛，迁都可以避开那些叛乱势力的攻击，都城比较安全。外部的干扰少了，统治就可以稳定很多。

商纣王为什么会亡国

商纣王在位后期，居功自傲，耗巨资建鹿台、造酒池，悬肉为林，修建豪华的宫殿园林，过着穷奢极欲的生活，使国库空虚。他刚愎自用，听不进正确意见，在上层形成反对派。他使用炮烙等酷刑，镇压人民。年年征战，失去人心，国力衰竭，对俘获的大批俘虏又消化不了，造成负担，最终发生了历史上著名的"牧野之战"，导致亡国。

❍ 商纣王的奢侈生活、纵欲无度终使得商朝灭亡。

周文王是怎样一个人

周文王，姓姬名昌，生卒年不详。季历之子，西周奠基人。季历死后由他继承西伯侯之位，又称伯昌。在商纣时期，他在岐山（今陕西岐山一带）建立了国家。在位50年，实行仁政，对老百姓非常爱护。后来由于崇侯虎向纣王进谗言，而被囚于羑里，后来得以释放。他的儿子周武王取得了天下之后，追尊他为文王。

> **百科加油站**
>
> 《易经》也称《周易》或《易》，是中国传统思想文化中自然哲学与伦理实践的根源，是中国最古老的占卜术原著，对中国文化产生了巨大的影响。据说是由伏羲氏与周文王（姬昌）根据《河图》《洛书》演绎并加以总结概括而来的（同时产生了易经八卦图）。

❓ 姜太公为何要用直钩钓鱼

传说商朝末期，渭水流域的一条小溪边有位白发老人在溪边钓鱼。可是他的渔钩却是直的，钩上也没有挂鱼饵，而且鱼钩还悬在水面三尺以上的地方。那老人一边钓鱼，一边自言自语道："宁向直中取，不向曲中求。只钓王与侯，不钓水中鱼。"此人就是姜尚，亦称"姜太公"。一天，周文王带着随从路过渭水，看到那个垂钓老人对大队人马经过一点也不在意，文王感到很奇怪，就下车和他攀谈起来。周文王在和姜尚的谈话中，发现他是一个眼光远大、学问渊博的人，而且精通政治、经济、军事。周文王于是立他为国相，让他辅助自己夺取天下。而姜太公用直钩钓鱼的故事也就流传开来了。

⬥ 姜太公直钩钓鱼

❓ 牧野之战的起因、结果怎样

商朝自商汤灭夏建立，经历600多年后，传位至第31位国王子辛（商纣王）时，已是危机四伏。政治上子辛耗巨资建鹿台、矩桥，造酒池肉林，使国库空虚。宠信爱妃妲己以及飞廉、恶来等一帮佞臣，妄杀王族重臣比干，囚禁箕子，造成诸侯臣属纷纷离叛。军事上子辛致力于用兵于东南夷族，虽然战争取得了胜利，但造成商都朝歌（今河南省淇县）空虚，无兵可守。牧野之战并没有完全消灭商朝，商朝原领地的一部分作为子辛之子武庚的封地，建立殷国，作为商朝的延续，商朝南征的军队也没有被完全消灭。周武王死后，武庚联合周室的管叔、蔡叔、霍叔发动"三监之乱"，最终被周公旦和周成王平定，商朝的残余势力才被完全消灭。牧野之战是中国历史上以少胜多，以弱胜强，先发制人的著名战例，也是中国古代车战初期的著名战例。它终止了600年的商王朝，确立了西周王朝的统治，为西周时期礼乐文明的全面兴盛开辟了道路。牧野之战中所体现的谋略和作战艺术，在中国古代军事思想的发展过程中具有不可低估的意义。

什么是国人暴动

公元前841年，因不满周厉王的暴政，镐京的"国人"集结起来，手持棍棒、农具，围攻王宫，要杀周厉王。周厉王下令调兵遣将。臣下回答说："我们周朝寓兵于国人，国人就是兵，兵就是国人。国人都暴动了，还能调集谁呢？"周厉王带领亲信逃离镐京，沿渭水河岸，一直逃到彘（今山西省霍州市），并于公元前828年（周共和十四年）病死于该地。国人暴动，又称彘之乱，是公元前841年发生在西周首都镐京（今陕西省西安市长安区西北）的以平民为主体的暴动。

> **百科加油站**
>
> 共和元年出现在西周。西周时，周厉王残暴无度，人民生活困苦，公元前841年，爆发了"国人暴动"，周厉王逃离镐京，此后国家政权由多人议政（共和行政），改元"共和"，公元前841年就是共和元年，直到14年后周宣王继位。这一年起，中国历史开始有了明确纪年。

周幽王为什么要烽火戏诸侯

周幽王三年，幽王宠爱妃子褒姒与后生子伯服。随后周幽王废掉申后及太子，以褒姒为后，以伯服为太子。太史伯阳预言说："大祸就要临头了，有什么办法呀！"果然，幽王为了博得褒姒开心一笑，不惜想尽一切办法，可是褒姒依旧终日不笑。一天，幽王陪着褒姒登城楼观望，忽然想起一个绝妙的高招：让手下大臣用烽火报警（本来有敌入侵，才能举烽火报警）。结果各路诸侯看见烽火，带着兵马全都到了。看到被戏弄的诸侯，褒姒大笑了起来。幽王高兴极了，于是隔三差五数举烽火，导致各路诸侯屡次受到愚弄，怨恨而归。不久，由于幽王废申后，去太子，激怒了申后之父申侯。申侯联合缯侯、西夷犬戎来攻幽王。幽王情急之下，让手下举烽火报警，可各路诸侯谁也不相信，未发一兵一卒，幽王叫苦不迭。犬戎遂杀幽王于骊山下，掳走了褒姒。而周幽王烽火戏诸侯则成了千古笑柄。

○ 周幽王烽火戏诸侯

周朝为什么分为西周和东周

周武王姬发，中国周朝第一代帝王。

周武王讨伐商纣王成功后，建立了周朝，定都镐京。后来周公东征，平息了东边的叛乱之后，考虑到镐京地处西部，对东部各诸侯难以控制，于是周公下令在洛邑建东都。公元前771年，犬戎兵占领了镐京并杀死了周幽王，这样继位的平王只好将都城迁到洛邑。从此周王室威信扫地，各诸侯国纷纷起来称霸天下。就这样，周朝变成了强弱截然不同的两个阶段，再加上这两个阶段的都城一个在西边，一个在东边，因此，历史上将周朝分为西周和东周两个阶段。

春秋五霸是指哪五霸

从公元前770年到前476年，历史上称为春秋时代。在这290多年间，社会风雷激荡，烽烟四起，战火连天。仅据鲁史《春秋》记载的军事行动就有480余次。司马迁说，春秋之中，"弑君三十六，亡国五十二，诸侯奔走不得保其社稷者，不可胜数"。相传春秋初期诸侯列国140多个，经过连年兼并，到后来只剩较大的几个。这些大国之间还互相攻伐，争夺霸权。春秋时期，周天子失去了往日的权威，天子反而依附于强大的诸侯。一些强大的诸侯国为了争夺霸权，互相征战，争做霸主，先后称霸的五个诸侯叫做"春秋五霸"。春秋五霸是指齐桓公、宋襄公、晋文公、秦穆公和楚庄王。此说见于《白虎通·号篇》。另一种说法是齐桓公、晋文公、楚庄王、吴王阖闾、越王勾践。此说见于王褒的《四子讲德文》。

春秋形势图

❶ 长勺之战

❓ "一鼓作气"是怎么回事

"一鼓作气"来自于长勺之战中曹刿的战术。周庄王十三年，齐桓公二年，鲁庄公十年（公元前684年），齐桓公派兵攻鲁，两军在长勺（今山东莱芜东北）相遇。当时齐国强大，鲁国弱小，双方实力悬殊。齐军三次击鼓发动进攻，鲁军却按兵不动，齐军士气受到极大打击。可是结果鲁国却以弱胜强，把齐军打得大败。据《左传》载，这次鲁国的胜利，与曹刿的精明策划有很大关系。齐军三鼓之后，士气全泄，而鲁军一鼓作气，士气正盛，终于大败齐军。

> **百科加油站**
>
> 一鼓作气的意思是：一鼓：第一次击鼓；作：振作；气：勇气。第一次击鼓时士气振奋。比喻趁劲头大的时候鼓起干劲，一口气把工作做完。

❓ 什么叫"百家争鸣"和"诸子百家"

诸子百家：春秋战国时期，原来垄断在贵族手中的文化教育逐步扩展，形成一个拥有学识的文士阶层。同时，社会的动荡和变革带来了人们思想的解放，文人各抒己见。百家争鸣：春秋战国时期，士人们为了实现自己的治国理想，四处游说、讲学。他们针对社会问题提出不同的见解，形成了百家争鸣的局面。

❓ 孔子为什么周游列国

历史上被奉为"圣人"的孔子，是中国一位有深远影响的教育家。孔子离开鲁国去周游列国是为了实现他的政治理想。但在周游列国期间，政治抱负得不到施展。唯一值得欣慰的是，他的思想在周游的过程中不断得到宣扬。孔子死后，他的弟子及再传弟子把他的言行记录下来，编成《论语》一书，这些普通的言行、习惯表现出了这位亲切感人的历史文化巨人的光辉形象。

❶ 孔子像

❓ 为什么《孙子兵法》被誉为"兵学鼻祖"

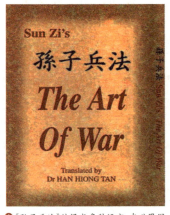

　　《孙子兵法》成书于春秋末期，是我国古代流传下来的最早、最完整、最著名的军事著作，在中国军事史上占有重要的地位。其军事思想对中国历代军事家、政治家、思想家产生了非常深远的影响，还被译成日、英、法、德、俄等十几种文字，在世界各地广为流传，享有"兵学圣典"的美誉。

❶《孙子兵法》被译成多种语言，在世界军事史上占有重要地位。

❓ 为什么会出现"战国七雄"

　　西周实行分封制，将土地分给功臣以及王族，以方便治理国家。但到了西周后期，诸侯土地过多，权力过大，周天子已无法控制，周天子被架空。此时的诸侯便互相攻击，大国灭亡小国。到东周时期，只剩下了齐、楚、燕、韩、赵、魏、秦七个大国，史称"战国七雄"。

❓ 勾践为什么要卧薪尝胆

　　春秋时期越王勾践被吴王夫差打败后，力图雪耻，激励自己，便在屋内悬一苦胆，出入、坐卧都要尝尝，以不忘受辱之苦。睡觉时不用床铺和被褥，而且睡在柴草上面，以不忘亡国之痛。这样，经过多年的磨砺，他终于使越国强盛起来，打败了吴国。

❶ 勾践卧薪尝胆

墨子怎样赢了木匠鲁班

在我国春秋时期,据说鲁班为楚国的水军发明了"钩"和"拒":当敌军处于劣势时,"钩"能把敌军的船钩住,不让它逃跑;当敌军处于优势时,"拒"能抵挡住敌军的船只,不让它追击。楚军有了钩、拒后,无往不胜,鲁班也无愧为军工专家。一天,鲁班向墨子夸耀说:"我有舟战的钩和拒,你的义也有钩和拒吗?"墨子是主张和平、反对战争,鼓励人们相敬、相爱,仁义至上的。于是他回答:"我是用爱来钩,用恭来拒。你用钩钩人,人家也会钩你;你用拒拒人,人家会用拒拒你。你说'义'的钩拒,难道不比'舟'的钩拒强吗?"鲁班无言以对。鲁班又拿出

↑墨子像

他的发明:一只木鹊,它可以连飞三天而不落地。墨子却说:"这木鹊还不如一个普通工匠顷刻间削出来的一个车辖,车辖一装在车轴上,车子就可以负重五十担东西;而你的鹊有何实际作用呢?木匠做的东西,有利于人的称为巧,无利于人的只能叫做拙。"鲁班听完,深知墨子的哲理,后来,他一心为民所用,发明了许多老百姓实用的木质品,被称为"木匠之父"。

孟母为什么要三迁

孟子小时候,父亲就死了。母亲仉氏守节,当时居住的地方离墓地很近,孟子学会了丧葬痛哭。母亲想,这个地方不适合孩子居住,就将家搬到街上。但这次离杀猪宰羊的地方很近,孟子又学了些做买卖和屠杀的事情。母亲感到这个地方还是不适合孩子居住,又将家搬到学宫旁边。夏历每月初一这一天,官员进入文庙,行礼跪拜,揖让进退,孟子见了,一一记住。孟母想:"这才是孩子应该居住的地方。"于是就在这里定居下来了。

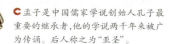

⊙孟子是中国儒家学说创始人孔子最重要的继承者,他的学说两千年来被广为传诵。后人称之为"亚圣"。

庄周化蝶是怎么回事

有一天，庄周梦见自己变成了一只翩翩起舞的蝴蝶：非常快乐，悠然自得。一会儿梦醒了，僵卧在床的庄周不知是庄周做梦变成了蝴蝶，还是蝴蝶做梦变成了庄周？这则寓言是表现庄子齐物思想的名篇。这个故事一般称作"庄周梦蝶"。庄子认为人们如果能打破生死、物我的界限，则无往而不快乐。他的文章轻灵缥缈，常为哲学家和文学家所引用。

在一般人看来，一个人在醒时的所见所感是真实的，梦境是幻觉，是不真实的。庄子却不以为然。虽然醒是一种境界，梦是另一种境界，二者是不相同的；庄周是庄周，蝴蝶是蝴蝶，二者也是不相同的。但在庄周看来，他们都只是一种现象，是道运动中的一种形态，一个阶段而已。简单的一个故事，既表现了一种人生如梦的人生态度，又把形而上的"道"和形而下的庄周与蝴蝶的关系揭示出来。形而下的一切，尽管千变万化，都只是道的物化而已。庄周也罢，蝴蝶也罢，本质上都只是虚无的道，是没有什么区别的。这叫"齐物"。

> **百科加油站**
>
> 庄子（约前369～前286）。战国中期哲学家，庄氏，名周，字子休（一作子沐）。汉族，宋国蒙（今安徽蒙城县）人。做过蒙地方的漆园吏。庄子是我国先秦（战国）时期伟大的思想家、哲学家和文学家。道家学说的主要创始人，与道家始祖老子并称为"老庄"。

⊙庄周梦蝶

什么是商鞅变法

战国时，秦孝公即位以后，决心图强改革，便下令招贤。商鞅自卫国入秦，提出了废井田、重农桑、奖军功、实行统一度量和郡县制等一整套变法求新的发展策略，深得秦孝公的信任，任他为左庶长，开始变法，史称"商鞅变法"。商鞅变法是战国时期一次较为彻底的改革运动，大大推动了社会的进步和

○ 商鞅石像

历史的发展。通过改革，秦国废除了旧的制度，创立了适应社会经济发展的新制度，推动了秦国社会的进步，促进了经济的发展。同时，壮大了国力，实现了富国强兵，为秦以后统一六国奠定了基础，对中国历史的发展起到了重要的作用。变法的局限性：①商鞅变法轻视教化，鼓吹轻罪重罚。商鞅制定的法律非常严苛，如百姓在路边倒垃圾，就要被砍去双手。②商鞅变法在一定程度上加重了广大人民所受的剥削与压迫，特别是连坐法，给广大人民带来巨大的痛苦。③商鞅变法也并未与旧的制度、文化、习俗彻底划清界限。例如，变法条文中明文规定按爵位等级占有数额不同的田宅和奴隶，公开承认占有奴隶的合法性。④重农抑商政策，刚开始有利于封建经济的发展，但到后来阻碍了商品经济的发展。⑤燔诗书而明法令，钳制了人们的思维，是一种文化专制，抑制了创新意识。

> **百科加油站**
> 商鞅（约前395～前338年），汉族，卫国（今河南安阳）人。战国时期政治家、思想家，先秦法家代表人物。姬姓，卫氏，又称卫鞅、公孙鞅。商鞅应秦孝公求贤令入秦，说服秦孝公变法图强。孝公死后，商鞅受到秦贵族诬害以及秦惠文王的猜忌，车裂而死。

什么是"围魏救赵"

公元前354年，魏国军队围困赵国都城邯郸。双方交战了一年多，人困马乏，相持不下。这时，齐国答应赵国的求救，派田忌为大将，孙膑为军师，率兵八万来救赵国。攻击方向选在哪里呢？孙膑向田忌建议说，现在魏国精锐部队都集中在赵国，而内部空虚，我们如带兵向魏国都城大梁（今河南开封）猛插进去，占据其交通要道，袭击他们空虚的地方，魏军必然放下赵国回师自救。齐军这时可以趁对方回师疲惫的途中，在预先选好的作战地区桂陵与魏军交战，魏军必然大败，赵国的危难也就解除了。

> **百科加油站**
> "围魏救赵"原指战国时齐军用围攻魏国的方法，迫使魏国撤回攻赵部队而使赵国得救。后指袭击敌人后方的据点以迫使进攻之敌撤退的战术。现借指用包抄敌人的后方来迫使他撤兵的战术。

⟨?⟩ "合纵连横"是怎么回事

合纵——战国时以苏秦为代表的纵横家游说六国实行纵向联合与秦国对抗的政策。连横——战国时张仪等游说六国实行与秦国横向联合对抗其他国家的政策。南北为纵，东西为横。当时七国大致的位置分布是秦在西，其余六国在东，且由北向南基本成纵向分布，因此六国联合叫合纵；而六国中的诸侯国与秦国联合称连横。连横合纵各有成果，但最后还是连横赢了，因为秦统一了其余六国。

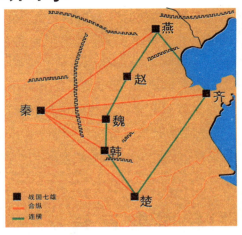

❶苏秦合纵图

⟨?⟩ "悬梁刺股"是怎么回事

"悬梁"是指汉朝人孙敬，非常好学，从早到晚地读书。有时疲倦了，直想睡觉，他就用一根绳子系住头发，另一头拴在房梁上拉直。这时候如果再打瞌睡，就会被绳子拉醒。"刺股"的故事是指战国时期，苏秦读书欲睡时，就拿锥子扎大腿，使自己清醒起来，再坚持读书。后人将这两个故事合成成语"悬梁刺股"，用以激励人发愤读书学习。

❶悬梁刺股

⟨?⟩ 什么是胡服骑射

赵武灵王是战国时赵国的一位奋发有为的国君，他为了抵御北方胡人的侵略，实行了"胡服骑射"的军事改革。改革的中心内容是穿胡人的服装，学习胡人骑马射箭的作战方法。为此，他力排众议，带头穿胡服，习骑马，练射箭，亲自训练士兵，使赵国军事力量日益强大，因而能西退胡人，北灭中山国，成为"战国七雄"之一。

扁鹊是个什么样的人

扁鹊,春秋时代齐国卢邑人,也有记载为渤海郡州人,或渤海郡郑人。"扁鹊"并非真名实姓。人们把他和黄帝时的扁鹊相比,并且称呼他"扁鹊先生",连史书也以扁鹊称呼他。扁鹊原姓秦氏,名越人。由于扁鹊是卢人,所以人们又称他为"卢医"。扁鹊是中国历史上一位著名的医学家,也是我国历史上第一个有正式传记的医学家。扁鹊能够采取实事求是的态度研究医学,并能吸取民间的医疗经验,在医学上取得了很大成就,在人民群众中享有很高的声望。扁鹊长期在民间行医,走遍齐、赵、卫、郑、秦诸国。

和氏璧是怎么来的 蔺相如为什么能完璧归赵

春秋时期,楚国有一个叫卞和的琢玉能手,在荆山(今湖北省南漳县内)得到一块璞玉。卞和捧着璞玉去见楚厉王,厉王命玉工查看,玉工说这只不过是一块石头。厉王大怒,以欺君之罪砍下卞和的左脚。厉王死,武王即位,卞和再次捧着璞玉去见武王,武王又命玉工查看,玉工仍

❶ 卞和献玉

然说只是一块石头,卞和因此又失去了右脚。武王死,文王即位,卞和抱着璞玉在楚山下痛哭了三天三夜,眼泪流干了,接着流出来的是血。文王得知后派人询问为何,卞和说:"我并不是哭我被砍去了双脚,而是哭宝玉被当成了石头,忠贞之人被当成了欺君之徒,无罪而受刑辱。"于是,文王命人剖开这块璞玉,见真是稀世之玉,命名为和氏璧。

蔺相如是战国时期赵国的上卿(一种官职),著名的政治家、外交家。他"完璧归赵"的故事家喻户晓。他之所以能够完璧归赵,主要在于他过人的勇气和胆识;其次是他看到了两国背后的邦交利益问题:秦国虽然强盛,但一时间还不能吞灭六国;秦王虽然喜欢和氏璧,但更在乎城池土地这实在的东西,秦国不会因一块玉和赵国翻脸。因此种种,也就成就了蔺相如"完璧归赵"的历史佳话。

大诗人屈原为什么要投江自杀

屈原是战国末期楚国人,我国古代伟大的浪漫主义诗人。可是他的结局却是令人伤心的:投江自杀结束了自己的生命。这是为什么呢?主要是因为:①政治上的失败。②楚王的昏庸。楚王(楚怀王)可以说是个大胡涂蛋,好坏不分,是非不辨。③新君继位。楚王的两个儿子,一个是新楚王,一个是相国。他们俩是楚国人最恨的两个人,因为他们陷自己的父亲于绝境,自己却继位了。而满朝的大臣,也一致拥戴这两个人,唯一一个反对的就是屈原。不久,屈原就被新君给流放了,这一流放,就是二十几年。屈原当时虽然被流放,但身体和精神却一直很好,只不过就是放心不下当时的朝政,可以说有心杀贼,无力回天。④楚国灭亡。楚国最终被秦国给灭了,知道国亡后的屈原,万念俱灰。他不愿做亡国之人,宁死也不辱节,就这样,最终投江自尽。

◎ 屈原

李冰为什么要修筑都江堰

在战国后期,秦国为了增强国力,早日统一天下,特别注意兴修水利,发展农业生产。公元前256年,秦昭襄王命令水利专家李冰作蜀郡太守。李冰上任以后,马上对蜀郡的农田水利状况作了考察。他发现蜀地四周都是高山,中间却是块大盆地。要发展这儿的农业,关键是要解决这儿的农田灌溉与排涝问题。岷江从西边的岷山上流下来,湍急的水直流到灌县,因为地势突然变平缓,泥沙就大量沉积下来,河床增高,河水也常常泛滥成灾。然而盆地的东边,又因为被玉垒山阻隔,岷江的水又流不过去,又常常闹旱灾。所以,李冰决定在灌县城郊凿通玉垒山,引水分洪。这便有了名闻古今中外的都江堰。

◎ 宝瓶口是都江堰三大工程之一。它是人工凿成控制内江进水的咽喉,因它形似瓶口而功能奇特,故名宝瓶口。留在宝瓶口右边的山丘,因与其山体相离,故名离堆。

❓ "毛遂自荐"是怎么回事

　　毛遂是战国时赵国平原君的门客。当时在秦军围攻赵国都城邯郸的时候，平原君去楚国求救，门下食客毛遂自动请求一同前去。平原君对毛遂说："有能力的人就好像一把锥子，即使把它放在口袋里，它的尖儿也会显现出来。但先生在我门下已3年了，却没有任何作为，我怎么能带你呢？"毛遂说："您没有看到锥子的尖儿，是因为您没有把它放在口袋里。如果我被装在口袋里，就会像锥子一样，整个锋芒都会露出来的！"于是平原君便答应了毛遂。到了楚国，毛遂挺身而出，陈述利害，楚王才派兵去救赵国。

🔸 毛遂自荐

🔸 韩非子

❓ 韩非子口吃吗

　　韩非子是战国时期韩国人，是法家的杰出代表人物。他所处的时代，正是百家争鸣的时代，但韩非子却有口吃的毛病（俗称结巴）。太史公马迁在《老子韩非列传》中云："非为人口吃。"由此可见韩非子口吃程度还不轻，想说而又不能很好地说，确实是一件令人痛苦的事情。《韩非子》的篇目中，一曰"难言"，再曰"说难"，这些文章表达了韩非子对于说话的种种苦衷。虽然他有口吃的毛病，但他的文章表达酣畅，痛快淋漓，在中国文学史上占有重要的地位。

为什么秦始皇被称为"千古第一帝"

秦始皇（公元前259~前221年在位），姓嬴，名政，为秦庄襄王之子，是中国历史上一位叱咤风云、具有雄才大略的人物。公元前230~前221年，历经10年的统一战争，他先后消灭了韩、赵、燕、魏、楚、齐等诸侯国，结束了自春秋战国以来长达数百年之久的分裂割据、混战不已的局面，建立了中国历史上第一个统一的多民族的中央集权帝国，他自称"始皇帝"。为了巩固新生的政权，秦始皇建立了中央集权制。他还下令统一全国的度量衡、车轨，以秦小篆为全国通用文字，以秦"半两"钱为流通货币，并统一了全国的法规刑律。他下令修筑了举世闻名的"万里长城"。这一系列大刀阔斧、前无古人的改革措施和铁腕行动，对于巩固国家统一、推动经济和文化的发展有着重要作用，并对后世产生深远影响。因此，秦始皇被称为"千古第一帝"。

○ 秦始皇

为什么要修筑万里长城

长城是人类历史上持续时间最久的建筑工程。它的修建，历经春秋、战国、秦、汉等时代，持续近2000年的时间。早在春秋时代，楚国便修筑了防御别国入侵的"楚方城"，揭开了中国历史上长城修建的帷幕。战国时期，齐、魏、赵、秦、燕和中山等国也相继修建了"诸侯互防长城"。其中，秦、赵、燕三国在北部修筑了"拒胡长城"。秦统一后，废弃了隔离各国的长城，将秦、赵、燕北部边境的长城连接起来，并加以扩展和修缮，第一次形成了一条西起临洮，东至辽东万余华里的长城，万里长城由此出现。

○ 长城

❓ "荆轲刺秦王"是怎么回事

秦王嬴政重用尉缭,一心想统一中原,不断向各国进攻。他拆散了燕国和赵国的联盟,使燕国丢了好几座城。燕国的太子丹原来留在秦国当人质,他见秦王政决心兼并列国,又夺去了燕国的土地,就偷偷地逃回燕国。他恨透了秦国,一心要替燕国报仇。但他既不操练兵马,也不联络诸侯共同抗秦,却把燕国的命运寄托在刺客身上。他把家产全拿出来,找寻能刺杀秦王嬴政的人。荆轲受到太子丹的重托,前往秦国刺杀秦王。临行前,许多人在易水边为荆轲送行,场面十分悲壮。"风萧萧兮易水寒,壮士一去兮不复还",这是荆轲在告别时所吟唱的诗句。荆轲来到秦国后,秦王在咸阳宫隆重召见了他。荆轲在献燕督亢地图时,图穷匕见,刺秦王不中,被杀。

> **百科加油站**
>
> 荆轲,姜姓,庆氏。汉族,战国末期卫国人,战国时期著名刺客,也称庆卿、荆卿、庆轲,是春秋时期齐国大夫庆封的后代。受燕太子丹之托入刺秦王。荆轲行刺失败而被杀。

❍ 荆轲刺秦

❓ 秦二世胡亥是怎样做了皇帝的

胡亥(前230~前207年),即秦二世。前210~前207年在位,也称二世皇帝。他是秦始皇第十八子,公子扶苏的弟弟,从中车府令赵高学习狱法。秦始皇出游南方病死沙丘宫平台,秘不发丧。胡亥在赵高与李斯的帮助下,杀死兄弟姐妹二十余人,并逼死扶苏而当上秦朝的皇帝。秦二世即位后,赵高掌实权,实行惨无人道的统治,终于在前209年激起了陈胜、吴广率领的农民起义。二世胡亥在赵高逼迫下自杀,时年24岁。

陈胜、吴广为什么要起义

秦二世元年(公元前209年)秋,秦朝廷征发闾左贫民屯戍渔阳,陈胜、吴广等900余名戍卒被征发前往。途中在蕲县大泽乡为大雨所阻,不能如期到达目的地,根据秦朝法律,过期要斩首。情急之下,陈胜、吴广领导戍卒,杀死押解戍卒的将尉,发动兵变,口号是"大楚兴,陈胜王"。起义军推举陈胜为将军,吴广为都尉,连克大泽乡和蕲县,并在陈县建立张楚政权。各地纷纷响应。

大泽乡起义因为陈胜得势后骄傲,加上秦将章邯率秦军镇压而失利。但陈胜吴广起义是中国历史上第一次大规模的农民起义。他们的革命首创精神鼓舞了千百万劳动人民起来反抗残暴的统治。它从根本上动摇了秦王朝统治,为而后项羽、刘邦灭秦创造了有利条件,在中国农民战争史上占有重要地位,对后面的封建统治者也是一个极好的教育,汉初的休养生息政策和开明统治很大程度上是受农民起义的影响。

❶ 陈胜、吴广揭竿而起。

鸿门宴是怎么回事

❶ 鸿门宴

鸿门宴,指在公元前206年于秦朝都城咸阳郊外的鸿门(今陕西省西安市临潼区新丰镇鸿门堡村)举行的一次宴会,参与者包括当时两支抗秦大军的领袖项羽及刘邦。因为项羽没有听从范增的意见——在宴会上杀掉刘邦,而让刘邦借机逃脱。这次宴会对秦末农民战争及楚汉战争皆发生重要影响,被认为间接促成项羽败亡以及刘邦成功建立汉朝。后人也常用"鸿门宴"一词比喻不怀好意的宴会。其详细记述最早见于史圣司马迁的《史记·项羽本纪》,后衍生出大量的相关文学作品。

项羽为什么要在乌江边自刎

○项羽自刎

公元前203年，楚汉鸿沟划界后，项羽领兵东归，被汉军及诸侯兵重重围困，夜间又听到汉军在四面皆唱楚歌，勾起楚军思乡之情，无心恋战。项羽于是乘夜率领壮士800多人突围。天亮后，汉军发觉，以5000人马追赶。项羽渡淮河时，跟随他的只剩百余骑；到阴陵迷道问路，为农民所骗，陷入大泽中，被汉兵追到，项羽只好向东逃。最后，项羽败至乌江(今安徽和县东北)。乌江亭长备船要送他过江，项羽苦笑道："我与江东八千子弟渡江而西，今无一人能生还，我有何面目见江东父老！"于是下马步战，杀汉军数百人，身上也受了十余处伤，最后自刎于乌江。

> **百科加油站**
> 　　项羽(前232～前202)，名籍，字羽，通常被称作项羽，中国古代杰出军事家及著名政治人物。中国军事思想"勇战派"代表人物，秦末起义军领袖。他是中华数千年历史上最为勇猛的武将，"霸王"一词，专指项羽。

汉初三杰指的是哪三个人

　　汉初三杰，说的是汉朝建立时立下汗马功劳的张良、萧何、韩信这三个人。汉高祖刘邦曾问群臣："吾何以得天下？"群臣回答皆不得要领。刘邦于是就说："我之所以有今天，得力于三个人——运筹帷幄之中，决胜千里之外，吾不如张良；镇守国家，安抚百姓，不断供给军粮，吾不如萧何；率百万之众，战必胜，攻必取，吾不如韩信。三位皆人杰，吾能用之，此吾所以取天下者也。"

○汉高祖刘邦

○ 西汉吕后的御用之印

○ 缇萦救父

吕后是如何乱政的

刘邦称帝后，册封吕雉为皇后。汉高祖刘邦死后，刘盈即位，是为惠帝。吕后代理朝政，她不顾惠帝反对，将刘邦的妃子戚夫人断手足、去眼、熏耳、饮哑药，丢于茅厕内，称为"人彘"。惠帝见状，受惊发病，自此不问朝政。吕后遂独揽朝政。惠帝七年（前188年），惠帝亡故，吕后相继立了两位少帝，均临朝称制。吕后对刘邦"非刘氏而王，天下共击之"之言置之不理，分封吕姓为王，由此权极一时。

小缇萦是怎么舍命救父的

汉文帝时，有一位叫淳于意的人，拜齐国著名医师杨庆为师，学得一手高超的医术，曾经做过齐国的仓令。他的老师去世以后，他弃官行医。因为个性刚直，行医的时候，得罪了一位有权势的人，导致后来自己遭陷害，被押往京城治罪。他的女儿名叫缇萦，虽然是一位弱小女子，然而不辞劳苦，长途跋涉一同前往长安向皇帝诉冤。她陈述了肉刑的害处，并说明了父亲做官时清廉爱民，行医时施仁济世，现在确实是遭人诬害，愿意替父受刑。汉文帝被缇萦的孝心深深感动，赦免了她的父亲，并且下诏书废除了肉刑。有诗颂曰：随父赴京历苦辛，上书意切动机定。诏书特赦成其孝，又废肉刑惠后人。

什么是"文景之治"

西汉文帝、景帝时期，重视"以德化民"，休养生息，当时社会比较安定，百姓也富裕起来。到景帝后期时，国家的粮仓丰满起来，新谷子压着陈谷子，一直堆到了仓外；府库里的大量铜钱多年不用，以至于穿钱的绳子都烂了，散钱多得无法计算。历史上称这一时期的统治为"文景之治"。

汉景帝为什么要杀晁错

晁错是西汉文帝时的智囊人物，景帝时尊为"智囊"。在景帝时期，晁错为了加强中央集权、削减诸侯封地，提出了削藩的政策，但这一政策引起了以吴王刘濞为中心的七个刘姓宗室诸侯的不满，他们以"清君侧，诛晁错"为名义发动了历史上有名的"七国之乱"。汉景帝为了平息叛乱，错杀了晁错。

⌇晁错是文景二帝时期的名臣，因为主张削藩，严重触动了诸侯王的利益。最后被腰斩于长安东市。

为什么汉武帝要独尊儒术

⌇汉武帝刘彻

传统儒学经董仲舒改造后，强调"天人合一"及"大一统"的思想，满足了汉武帝巩固皇权，维护中央大一统的需要。于是，汉武帝采取"罢黜百家，独尊儒术"，加强对民众的思想统治，最终达到维护皇权的效果。汉初统治者奉行无为而治、与民休息的政策，为汉武帝转向"有为"奠定物质基础，"独尊儒术"则奠定思想基础。

百科加油站

汉世宗孝武皇帝刘彻（前156～前87年），汉朝的第七位天子，伟大的政治家、战略家。在位期间数次大破匈奴、吞并朝鲜、遣使出使西域。独尊儒术，首创年号。他开拓汉朝最大版图，功业辉煌。

丝绸之路是怎样开通的

公元前141年，汉武帝刘彻为了联合西域共同抗击匈奴，派使者张骞出使西域。前139年，张骞带领一百多人的队伍，经过长途跋涉终于抵达大月氏。令张骞始料不及的是，大月氏在新领土上安居乐业，已经不愿意再与匈奴为敌。前128年，联盟失败的张骞启程东归，途中被匈奴俘虏，但他又在两年后成功脱逃。公元前126年，西行13年后，张骞终于回到长安，带回了大宛（今费尔干纳）、大夏等国的大量资料，为丝绸之路的开通奠定了基础。公元前119年，汉武帝派张骞再次出使西域，联络乌孙，但因乌孙国的内乱再次失败。公元前115年，张骞在乌孙国使者的护送下回到长安。汉通西域，起初是出于政治目的，但结果却让汉武帝和张骞始料未及：促进了汉朝和西域各国的交往，一条商路由此开启，主要向外国输送丝绸。早年，这条商路没有一个统一的称谓，1877年，德国地理学家李希霍芬最早提出"丝绸之路"的说法，得到中外史学家的认可，沿用至今。

❶ 张骞出使西域辞别汉武帝图

为什么李广被称为"飞将军"

李广，西汉时的一位将军。有一次战役，李广被匈奴俘虏了，匈奴用一张网将他网住，然后用几匹马拖着他走。机智过人的李广看准时机，猛然从随行的匈奴兵身上夺过一把弯刀，连杀数人，跃上一匹快马，逃离了匈奴的阵地。匈奴人愚昧无知，以为李广是神，懂得飞天遁地之术，自此便称李广为"飞将军"。更神奇的是，因为李广的名字威震边疆，据说匈奴人的婴儿夜晚哭啼，一旦大人说出李广这个名字，婴儿就马上不敢哭了。公元前136年，李广率军出雁门关，被成倍的匈奴大军包围。匈奴单于久仰李广威名，令部下务必生擒之。李广终因寡不敌众而受伤被俘。押解途中，他飞身夺得敌兵马匹，射杀追骑无数，终于回到了汉营。从此，李广在匈奴军中赢得了"汉之飞将军"称号。

❓《史记》是怎么来的

　　西汉时，太史令司马谈的儿子司马迁从20岁开始，就游历祖国各地，获得了大量的知识，并从民间语言中汲取了丰富的养料，给以后的写作打下了重要的基础。父亲死后，司马迁继承父亲的职务，做了太史令，他阅读和搜集的史料就更多了。在他正准备着手写作的时候，因为替李陵辩护得罪武帝，下了监狱，受了刑。他痛苦地想：这是我自己的过错呀。现在受了刑，身子毁了，没有用了。但是他又想：从前周文王被关在羑里，写了一部《周易》，孔子周游列国的路上被困在陈蔡，后来编了一部《春秋》……这些著名的著作，都是作者心里有郁闷，或者理想行不通的时候，才写出来的。我为什么不利用这个时候把这部史书写好呢？于是，他用了十几年时间，把从传说中的黄帝时代开始，一直到汉武帝太始二年（公元前95年）为止的这段时期的历史，编写成一百三十篇、五十二万字的伟大著作《史记》。《史记》是我国第一部纪传体史书，在史学、文学史上都占有崇高地位。

○ 司马迁

百科加油站

　　苏武（前140～前60年），中国西汉大臣。字子卿，汉族，杜陵（今陕西西安东南）人。武帝时为郎。天汉元年（前100年）奉命以中郎将持节出使匈奴，被扣留。苏武历尽艰辛，留居匈奴19年持节不屈。至始元六年（前81年），方获释回汉。苏武死后，汉宣帝将其列为麒麟阁十一功臣之一，彰显其节操。

❓苏武牧羊是怎么回事

　　苏武牧羊，历史典故之一。西汉时，匈奴单于为了逼迫持节出使的苏武投降，开始将他幽禁在大窖中。苏武饥渴难忍，就吃雪和旃毛维生，但绝不投降。后来，单于又把他弄到北海，苏武依旧手持汉朝符节，牧羊为生，不为所动，19年间，表现出了顽强的毅力和不屈的气节。

○ 苏武牧羊图

❓ 王昭君为什么会被嫁往匈奴

昭君出塞是我国历史上的一个真实故事。王昭君，名嫱，字昭君，原为汉宫宫女。公元前54年，匈奴呼韩邪单于被他哥哥郅支单于打败，南迁至长城外的光禄塞下，同西汉结好，曾三次进长安入朝，并向汉元帝请求和亲。王昭君听说后请求出塞和亲。她到匈奴后，被封为"宁胡阏氏"（阏氏，音焉支，意思是"王后"），象征她将给匈奴带来和平、安宁和兴旺。后来呼韩邪单于在西汉的支持下控制了匈奴全境，从而使匈奴同汉朝和好达半个世纪。

❓ 为什么王莽能篡汉当了皇帝

西汉末年，政治腐败，社会问题日趋严重，民心思变，外戚王莽乘机篡位，建立新朝。他为什么能篡汉呢？原来，自汉武帝以后，朝政为外戚王氏一

❶ 王莽像

门所把持，王莽借其叔伯之余荫及王太后之信任，得以独揽大权。王氏子弟大多骄奢淫逸，独王莽为人恭俭，雅好儒术，礼贤下士，故声誉日隆。平帝在位时，王莽推行惠政以笼络人心：如大封宗室、功臣后裔，捐私产以救济贫民，扩充京师太学，增加五经博士名额，于郡国县邑广置学校等。西汉末年，"五德终始"思想盛行，王莽利用"汉德已衰，新圣将兴"之说，假托符命以新圣人自居，取得国人之拥护。

❶ 昭君出塞

什么叫"光武中兴"

王莽篡汉，西汉结束，改国号为新。后王莽改制失败，导致绿林、赤眉起义爆发，最终肢解了新莽政权。汉景帝后裔刘秀趁机恢复汉朝，国号仍为汉，史称为后汉或东汉，刘秀即光武帝。光武帝在位期间，农业、手工业都得以从前期战争的严重破坏背景下恢复和发展，政局稳定，史称"光武中兴"。

班超为什么要投笔从戎

班超是东汉时期著名的军事家和外交家。他少年时就有远大的志向，能言善辩，阅读了许多历史典籍。班超常为官府抄书挣钱来养家。但长期抄写，劳苦不堪，有一次，他停下了手中的活儿，扔了笔感叹道："大丈夫如果没有更好的志向谋略，也应像昭帝时期的傅介子、武帝时期的张骞那样，在异地他乡立下大功，以得到封侯！怎么能长期地在笔、砚之间忙忙碌碌呢？"后来，他果然奉命出使西域，立功封侯，在历史上留下了自己的名字。

❶ 班超投笔从戎

蔡伦是用什么造纸的

❶ 蔡伦

蔡伦，东汉桂阳（衡阳耒阳）人，字敬仲。和帝时，为中常侍，曾任主管制造御用器物的尚方令。当时奏折多为竹简，很繁重，纸又太贵，于是蔡伦带领工匠改进造纸方法。

他提出用树皮、麻头、破布、破渔网来做原料，这是造纸技术的一大进步。这些原料来源广泛，价钱便宜，有的还是废物利用，因此可以大量使用。至于用树皮做原料，更是一个新的发现。后代人用木浆造纸，就是受蔡伦用树皮造纸的启发。

张衡有哪些贡献

张衡是东汉人，他观测记录了2500颗恒星，创制了世界上第一架能比较准确地表演天象的漏水转浑天仪，第一架测试地震的仪器——候风地动仪，还制造出了指南车、自动记里鼓车、飞行数里的木鸟等等。

百科加油站

张衡(78~139年)，字平子，南阳西鄂(今河南南阳市石桥镇)人，我国东汉时期伟大的天文学家、数学家、发明家、地理学家、制图学家、文学家、学者。

⚙ 张衡发明的候风地动仪模型

华佗为什么要发明"麻沸散"

⚙ 华佗

华佗是东汉时期著名的医学家，享有"神医"的美誉。华佗与董奉、张仲景并称为"建安三神医"。他发明"麻沸散"的主要原因是：一，治病有时需要进行手术。为了减轻病人的痛苦，华佗就想方设法研制发明了麻沸散。二，对病人麻醉后，可以更加方便、快捷地进行手术，不会受到病人的干扰。传说华佗的儿子沸儿误食了曼陀罗的果实不幸身亡，华佗万分悲痛。后来，他在曼陀罗的基础上加了其他几味中草药研制出了世界上最早的麻醉药。为了纪念儿子，他将这种药命名为麻沸散。华佗曾经试图利用麻沸散给关羽刮骨疗毒，遭到了关羽的拒绝。结果，关羽在没有接受麻醉的情况下进行了手术。后来华佗建议曹操也利用麻沸散进行开颅手术，曹操不相信华佗，将他处死。麻沸散的配方因此而失传了。

⚙ 曼陀罗花、果、叶

蔡文姬是怎样一个人

东汉时，蔡文姬的父亲蔡邕是当时大名鼎鼎的文学家和书法家，还精于天文数理，妙解音律，是曹操的挚友和老师。生在这样的家庭，蔡文姬自小耳濡目染，既博学能文，又善诗赋，兼长辩才与音律。蔡文姬从小以班昭为偶像，因此从小留心典籍、博览经史。并有志与父亲一起续修汉书，青史留名。可惜东汉末年，社会动荡，蔡文姬被掳到了南匈奴，嫁给了虎背熊腰的匈奴左贤王，饱尝了异族异乡异俗生活的痛苦。十二年后，曹操统一北方，想到恩师蔡邕对自己的教诲，用重金赎回了蔡文姬。文姬归汉后，嫁给了董祀，并留下了动人心魄的《胡笳十八拍》和《悲愤诗》。《悲愤诗》是中国诗歌史上第一首自传体的五言长篇叙事诗。历史上把"文姬归汉"传为美谈。

❶ 文姬归汉图

什么是黄巾起义

公元184年，全国大旱，颗粒无收而赋税不减。走投无路的贫苦农民在巨鹿人张角的号令下，纷纷揭竿而起。他们头扎黄巾高喊"苍天已死，黄天当立，岁在甲子，天下大吉"的口号，向官僚地主发动了猛烈攻击，严重动摇了东汉政权，这就是历史上著名的"黄巾起义"。黄巾起义对于东汉末年的政局产生了深远的影响。为了尽快平定战事，因此中央下放军权至地方，使得黄巾之乱无法快速地蔓延至全国，减缓了东汉覆亡的时间。但是这样一来，却造成了地方轻视中央，使得具有野心的将领或是官员，借着平定黄巾之乱的兵力割据地方，为东汉末年军阀混战埋下伏笔，更为三国分立种下远因。

黄巾起义和在它影响下的各族人民起义，持续了二十多年。由于起义农民本身的弱点，起义被残酷镇压，但在农民起义的打击下，腐朽的东汉王朝名存实亡，并最终走向了灭亡。

为什么称曹操为枭雄

曹操可能是中国历史上性格最复杂、形象最多样的人。他聪明透顶，又愚不可及；奸诈奸猾，又坦率真诚；豁达大度，又疑神疑鬼；宽宏大量，又心胸狭窄。可以说是大家风范，小人嘴脸；英雄气派，儿女情怀；阎王脾气，菩萨心肠。看来，曹操好像有好几张脸，但又都长在他身上，一点都不矛盾，这真是一个奇迹。因此被称为枭雄。实际上，曹操是真实的，也是本色的。包括他的奸诈、狡猾、残忍、暴虐，都表现得从容不迫，落落大方，真诚而坦然。

百科加油站

曹操，字孟德，小字阿瞒，汉族，沛国谯县（今安徽亳州）人。东汉末年著名的政治家、军事家、诗人。三国中曹魏的奠基人和主要缔造者。其子曹丕称帝后，追尊他为魏武帝。曹操精于兵法，著《孙子略解》《兵书接要》《孟德新书》等书。曹操也善作诗歌，抒发政治抱负，并反映汉末人民苦难生活，慷慨悲凉。

为什么把钱称作"孔方兄"

相传当初铸造货币时，是加进了孔老夫子的理念。孔夫子认为做人要正直、规矩、原则，并提出了"方正君子"的思想，所以铜钱就被铸成外圆内方之状。意思是：做生意的人虽然外表不得不圆滑，但内心则一定要方正，即遵守道德。于是，孔方兄不仅成为对钱最形象生动的称呼，而且还寓含了深刻的人生哲理和做人理念。当然，更重要的还在于孔方兄把中国人，尤其是读书人面对金钱欲罢不能、欲说还休的心态从称呼中淋漓尽致地表现了出来。它成为不喊出"钱"字，又最巧妙表达钱且能抬举人格的代名词。

🔾 中国古代的方孔钱

刘备为什么要三顾茅庐

刘备三顾茅庐是蜀汉历史上的一件重要事情。刘备为何要请诸葛亮出山？可以有以下两种解释。第一种：延揽人才。诸葛亮出山之前，刘备手中的人均属中等人才。当时有这样一句话："卧龙、凤雏得一可得天下。"想要定国安邦，必须要有一个像诸葛亮这样的人才。第二种：利用诸葛亮在荆襄地区的社会关系。刘备三次枉驾以见孔明，真正的目的是为了取得诸葛亮的势力和影响。诸葛亮根本不是布衣，相反，他与荆州三方面势力都有密切关系。史书上说，"荆楚群士从之如云"，这难道和诸葛亮的社会影响力没有关系吗？这就是刘备利用他可以得到的好处。

孙权劝学是怎么回事

在三国时期，吴国有一名大将叫吕蒙。刚开始时，他特别不爱学习，有一天吴王孙权对他说："你现在身当要职掌握重权，不可以不学习呀！"吕蒙以军营中事务繁多为理由加以推托。孙权说："我难道是想要你成为精通儒家书籍、传授经学的学官吗？你只要粗略地阅读，了解了解历史。你说你军务繁忙，哪能比得上我的事务繁多呢？但我常常读书，并感到获得了很大的收益。"吕蒙听了之后感觉很惭愧，于是开始学习。等到东吴军师鲁肃路过浔阳的时候，与吕蒙讨论事情，鲁肃听到吕蒙的见解后非常惊奇地说："你如今的才干谋略，已不再是过去的吕蒙了！"吕蒙说："对于有志气的人，分别了数日后，就应当擦亮眼睛重新看待他的才能，老兄你为什么看到事物的变化这么晚呢！"鲁肃与吕蒙结为好友，然后告别而去。后来，吕蒙打败了蜀国的关羽，夺回了荆州。成语"士别三日，当刮目相看"就出于这个故事。

为什么关羽死后地位很高

关羽是中国人最熟悉的一个历史人物，在中国人的信仰中地位很高。民间敬仰他，历代帝王敬仰他，封他为侯、为公、为帝，敬他为神、为圣。关羽文化成为中华文化一个独特的组成部分。但在历史中，关羽毕竟只是刘备手下的一个臣子。为什么在北京历代帝王庙中单独建有关帝庙，目前缺乏可靠的依据。一些专家认为，关帝历来被官民共同奉为保护神，单独建关帝庙，是想借助忠义仁勇的关帝来镇恶辟邪，起到护卫的作用。还有些专家推测，关羽曾被众多皇帝尊崇为武圣关帝，倘若按功臣名将的身份，把关帝供奉在东西配殿中显得待遇偏低；若要按帝王身份供奉在景德崇圣殿里，又有点于礼不合，故只好为他单独建庙供人祭祀。以上这两种说法都有道理，或许当初建庙时，两种原因共存吧。

❍ 关羽擒将图

❓ "空城计"是怎么回事

三国时期，蜀国丞相诸葛亮因错用马谡而失掉战略要地——街亭，魏将司马懿乘势引大军15万向诸葛亮所在的西城蜂拥而来。当时，诸葛亮身边没有大将，只有一班文官和2500名士兵在城里。众人听到司马懿带兵前来的消息都大惊失色。诸葛亮登城楼观望后，对众人说："大家不要惊

❶《武侯高卧图》描绘诸葛亮敞胸露怀，头枕书匣，仰面躺在竹丛下，举止疏狂。

慌，我略用计策，便可教司马懿退兵。"于是，诸葛亮传令，把所有的旌旗都藏起来，士兵原地不动，如果有私自外出以及大声喧哗的，立即斩首。又令士兵把四个城门打开，每个城门之上派20名士兵扮成百姓模样，洒水扫街。诸葛亮自己披上鹤氅，戴上高高的纶巾，领着两个小书童，带上一张琴，到城上望敌楼前凭栏坐下，燃起香，然后慢慢弹起琴来。司马懿到了城下看了之后说："诸葛亮一生谨慎，不曾冒险。现在城门大开，里面必有埋伏，我军如果进去，正好中了他们的计。还是快快撤退吧！"于是各路兵马都退了回去。

❓ 西晋是怎样建立的

曹魏后期，政治日益腐败，阶级矛盾越来越尖锐。与此同时，统治阶级内部出现了以曹爽为首和以司马懿为首的两个集团的对立和斗争。司马懿，河内温县（今河南温县）著名的士族。曹操开始起用他，至曹丕时地位逐渐显要。明帝时，他是指挥对蜀作战的主将。明帝死，年幼的曹芳继位，司马懿为太尉，与宗室大臣曹爽受遗诏共同辅政，伺机消灭曹爽集团。251年，司马懿病死，子司马师继续掌权。254年，司马师废曹芳，立曹髦为帝。次年，司马师死，弟司马昭当政。公元263年，司马昭利用蜀国内部混乱的机会，派邓艾、诸葛绪、钟会率大军分三路攻蜀，后主刘禅出降，蜀亡。265年，司马昭子司马炎废魏帝曹奂，自立为帝，国号"晋"，定都洛阳，史称西晋。

❶ 晋武帝司马炎

"东晋"和"五胡十六国"的名称是怎么来的

东晋(317~420年)时,因少数民族内迁,建都洛阳的晋朝(西晋)亡国,琅琊王司马睿在建康即位,即晋元帝,史称东晋,统治范围为中原地区。东晋时期,统治阶级内部也曾经四分五裂。420年,宋公刘裕废除晋安帝,建立刘宋,进入南北朝时期。"五胡十六国"是指自西晋末年到北魏统一北方期间,于公元304~439年间曾在中国北部境内建立政权的五个北方民族及其所建立的政权。五胡指匈奴、鲜卑、羯、氐、羌;十六国指前凉、后凉、南凉、西凉、北凉、前赵、后赵、前秦、后秦、西秦、前燕、后燕、南燕、北燕、夏、成汉。这个时期也被称为"五胡乱华"时期。

○ 司马睿

王羲之为什么被称为"书圣"

王羲之(303~361年,一作321~379年),字逸少,东晋书法家。原籍琅琊(今属山东临沂),居会稽山阴(今浙江绍兴)。与两汉、西晋相比,王羲之书风最明显的特征是用笔细腻,结构多变。王羲之最大的成就在于增损古法,变汉魏质朴书风为笔法精致、美轮美奂的书体。草书浓纤折中,正书势巧形密,行书遒劲自然。总之,把汉字书写从实用引入一种注重技法,讲究情趣的境界。实际上这是书法艺术的觉醒,标志着书法家不仅发现书法美,而且能表现书法美。后来的书家几乎没有不临摹过王羲之法帖的,因而有"书圣"美誉。

> **百科加油站**
>
> 《兰亭序》是王羲之的行书代表作,寓骨力于姿媚之中,出自然于法度之外,用笔方圆兼施,笔力劲爽,体态圆融流美,炉火纯青。从唐代以来,《兰亭序》被视为中国书法的最高典范,被誉为"天下第一行书"。

○《兰亭序》摹本

为什么说敦煌莫高窟是一座艺术宝库

莫高窟内有壁画约45 000平方米，彩塑像2415尊，并有数以万计的影塑（有点像"浮雕"）佛像。壁画内容大量描绘了人们生产活动的片段，还保留了大量亭台楼阁、宫殿城池、塔寺、店铺、桥梁、水榭等古建筑形象和各种装饰图案、佛教史迹等等，生动反映了我国6~14世纪的部分社会生活及艺术发展情况。它是目前世界上历史最长、规模最大、内容最丰富、保存最完整的画廊，是一座世界稀有的艺术宝库。

🔴 莫高窟标志性建筑，俗称九层楼，里面用九层楼阁装下一尊巨大的35米的佛雕。

"闻鸡起舞"是怎么回事

晋代的祖逖是个胸怀坦荡、具有远大抱负的人。后来，祖逖和幼时的好友刘琨一起担任司州主簿。他与刘琨感情深厚，不仅常常同床而卧，同被而眠，而且还有着共同的远大理想：建功立业，复兴晋国，成为国家的栋梁之才。一次，半夜里祖逖在睡梦中听到公鸡的鸣叫声，他一脚把刘琨踢醒，对他说："别人都认为半夜听见鸡叫不吉利，我偏不这样想。咱们干脆以后听见鸡叫就起床练剑，如何？"刘琨欣然同意。于是他们每天听见鸡叫就起床练剑，剑光飞舞，剑声铿锵。冬去春来，寒来暑往，从不间断。功夫不负有心人，经过长期的刻苦学习和训练，他们终于成为能文能武的全才，既能写得一手好文章，又能带兵打胜仗。祖逖被封为镇西将军，实现了他报效国家的愿望；刘琨做了征北中郎将，兼管并、冀、幽三州的军事，也充分发挥了他的文才武略。

🔴 闻鸡起舞

什么叫南北朝

南北朝（420～589年）是中国历史上的一段分裂时期，由420年刘裕篡东晋建立南朝宋开始，至589年隋灭南朝陈为止。该时期上承东晋、五胡十六国，下接隋朝，南北两势虽然各有朝代更迭，但长期维持对峙，所以称为南北朝。南朝包含宋、齐、梁、陈四朝；北朝则包含北魏、东魏、西魏、北齐和北周五朝。

○反映北宋时期民俗的画卷

祖冲之取得了哪些成就

祖冲之（429～500年），字文远，南北朝时齐人，汉族，祖籍范阳郡遒县（今河北涞水县），是我国南北朝时杰出的数学家和科学家。为避战乱，祖冲之的祖父祖昌由河北迁至江南。祖昌曾任刘宋的"大匠卿"，掌管土木工程，祖冲之的父亲也在朝中做官。祖冲之，在世界数学史上第一次将圆周率（π）值计算到小数点后六位，即3.1415926到3.1415927之间。他提出约率22/7和密率355/113，这一密率值是世界上最早提出的，比欧洲早1100年，所以有人主张叫它"祖率"，也就是圆周率的祖先。他将自己的数学研究成果汇集成一部著作，名为《缀术》，唐朝国学曾经将此书定为数学课本。

○祖冲之

北魏孝文帝进行了怎样的改革

北魏孝文帝改革是我国历史上著名的改革之一。改革的主要内容涉及政治、经济、文化等各个领域。总体概括起来有以下四点：第一，推行均田制。在均田制的同时又颁布了与之相联系的三长制和租调制。均田制使农民分得了一定数量的土地，将农民牢牢束缚在土地上，成为国家的编户，保证了地主们的基本利益及土地私有制。而租调制则相对减轻了农民的租调负担，改善了农民的生产生活条件，从另一方面促进了生产力的发展。第二，实行官吏俸禄制，严惩贪污。吏治的败坏不仅激化了社会矛盾，同时也使统治阶级内部产生了矛盾。在这项改革措施中，以"治绩"的好坏为标准。整肃了官僚机构，巩固了封建统治。第三，迁都洛阳。第四，革除鲜卑旧俗，接受汉族先进文化。主要内容有改官制、禁胡服、断北语、改复姓、定族姓、迁都洛阳等。

> **百科加油站**
>
> 北魏孝文帝拓跋宏是一位卓越的少数民族的政治家、军事家和改革家。他崇尚中原文化，实行汉化，禁胡服、胡语，改变度量衡，推广教育，改变姓氏并禁止归葬，提高了鲜卑人的文化水准，是西北方各民族陆续进入中原后民族融合的一次总结，对中国起了重要的作用。

少林寺是什么时候兴建的

少林寺，是我国享誉海内外的佛教寺院，位于河南省登封市西北13千米的中岳嵩山西麓。嵩山东为太室山，西为少室山，各拥三十六峰，峰峰有名。少林寺就是在竹林茂密的少室山五乳峰下，故名"少林"。周围山峦环抱、峰峰相连、错落有致，形成了少林寺的天然屏障。少林寺的出名，在很大程度上源于少林拳。1983年，国务院确定少林寺为全国重点佛教寺院。2007年5月8日，登封市嵩山少林寺景区经国家旅游局正式批准为国家5A级旅游景区。

《木兰辞》是怎样一部作品

《木兰辞》也叫《木兰诗》，北朝民歌。《木兰诗》最早见于南朝陈僧人智匠所编的《古今乐录》，后被郭茂倩《乐府诗集》收入。此诗大约产生于北魏后期，是根据民间的传说写成，叙述了木兰女扮男装代父从军的故事。在流传中可能有文人的加工润色，但基本上保持着民歌的情调。

木兰代父从军

北魏太武帝为什么灭佛

　　北魏太武帝时的宰相崔浩崇奉道教，而太武帝对崔浩言听计从。崔浩每次与太武帝言论时，就常常诽谤佛教，常说佛教虚诞，危害社会。太武帝于是就顺从崔浩的劝告开始对佛教徒进行迫害。公元438年，在崔浩、寇谦之的劝诱下，太武帝下诏禁止50岁以下的人出家为僧，有者一律还俗以充兵役。其实太武帝灭佛的根本原因是佛教势力的发展，危及到了统治阶级的利益，其中有政治的原因和经济的原因。

隋文帝为什么能统一中国

　　第一，北朝时期，黄河流域的各少数民族基本上与汉族融合，北方的社会经济由恢复而发展。南北方的民族矛盾与经济、文化差别已基本消除。第二，南北在政治上的对立和斗争，不仅阻碍南北经济、文化交流，也给两地人民造成了很大的负担和痛苦。结束南北对立，实现国家再统一，是历史发展的必然趋势，也是南北方广大人民群众的要求。第三，陈朝政治黑暗腐朽，国力薄弱；而隋朝政治清明，生产发展，国力强盛，造成了隋灭陈而统一全国的形势。第四，隋文帝即位后，"勤劳思政"，进行了一系列改革，特别是加强军队建设，为灭陈做了充分准备，这是统一的重要条件之一。第五，从南北方经济状况看，北周、隋以及北周之前各朝均采取了恢复经济的措施，江南也因为大批北方农民南迁等因素，经济得到开发，这些都为隋统一提供了物质基础。

❍ 隋文帝杨坚

百科加油站

　　杨坚，隋朝开国皇帝。弘农郡华阴（今陕西华阴）人。他在位期间成功地统一了百年来严重分裂的中国，开创先进的选官制度，发展文化经济，使得中国成为盛世之国。隋朝杨坚是西方人眼中最伟大的中国皇帝，被尊为"圣人可汗"。

隋炀帝修建大运河带来了哪些好处

为加强中央集权和南粮北运，隋炀帝推动了京杭大运河的建造。大运河带来许多好处：将中国重要水系连接起来，形成运输网络；带动沿岸城市的发展，兴起许多商业城市，其中江都（今扬州）更成为隋朝的经济重心；促进各个地区的文化发展与民族融合，有人认为这使得中华文明成为有机体的整体文明。

京杭大运河是世界上三大人工运河之一。耗费了无数的劳力，历时5年，贯通了隋朝疆土的南北。

唐太宗李世民

李世民为什么发动玄武门之变

根据历史记载，李世民还是秦王时，虽然跟被立为太子的哥哥李建成和弟弟李元吉明争暗斗，但他并不想采取主动，而是他的死党尉迟敬德、长孙无忌等一直怂恿他先发制人，否则他们就要另谋出路。但李世民同意后，还是相当犹豫，于是在王府里占卜以问吉凶。他的另一死党张公谨从外面回来，却将占卜道具全部扫到地上，正告他："此举已是箭在弦上，势在必行，毫无疑惑，不能犹豫！"如此这般，李世民才铁了心发动政变，杀死哥哥和弟弟，成了皇位接班人。

《西游记》中的唐僧确有其人吗

是的，唐僧的原型就是玄奘法师。他是中国历史上最伟大的人物之一。他不仅是我国佛教学界负有崇高声望的大德，而且是中国古代最优秀的翻译家。神话小说《西游记》的"唐僧"就是他。他是中国历史上最富于冒险的、勇于克服困难的、在沟通中印文化上最有贡献的一个人。

❓ 文成公主为什么远嫁吐蕃

随着鲜卑、突厥、吐蕃族势力的不断增强，唐朝自太宗始至宪宗时，曾多次将公主嫁与外蕃和亲，以求缓和边疆矛盾、巩固国家政权。其中最为著名的便是唐太宗将文成公主嫁于吐蕃国王。和亲政策不仅缓和了各民族间的矛盾、巩固了边防、实现了国内的政治稳定，而且因公主们的随行人员很多，他们也把中原先进的文明及种植等各项技术带给了这些民族，促进了各族人民之间的团结与进步，实现了汉族与外族的融合与和谐共处。

⬆ 吐蕃王松赞干布仰慕大唐文明，公元640年派使者禄东赞到长安通聘。《步辇图》描绘的就是当时唐太宗与禄东赞会面的场景。图中唐太宗端坐步辇之上，威严而祥和。

❓ 为什么称李白为"诗仙" 杜甫为"诗圣"

李白之所以被称为"诗仙"，是因为李白的诗歌感情奔放、瑰丽雄奇、语言清新流畅，充满了浪漫主义色彩。还因为李白有特立独行的性格，脱离凡尘的、追求个性高度解放的志趣，潇洒飘逸的"谪仙"风度。

而杜甫被称为"诗圣"，是因为杜甫的诗歌大多反映了民间的疾苦和人民的愿望，充满了现实主义色彩。他的诗歌最贴近老百姓，在老百姓看来，这就是圣人了，所以被称为"诗圣"。

⬆《太白醉酒图》

什么叫"贞观之治"

"贞观之治"是指唐太宗在位期间的清明政治。由于唐太宗能任用贤能，知人善用，广开言路，尊重生命，自我克制，虚心纳谏，重用魏徵等诤臣；并

❍ 魏徵

采取了一些以农为本，厉行节约，休养生息，文教复兴，完善科举制度等政策，使得社会出现了安定的局面；当时还大力平定外患，并尊重边族风俗，稳固边疆。因当时年号为"贞观"（627~649 年），故史称"贞观之治"。这是唐朝的第一个治世，同时为后来的"开元盛世"奠定了厚实的基础。

唐太宗是我国封建社会时期杰出的政治家，他善于用人，勇于纳谏，不断调整统治政策，他的个人作用也是"贞观之治"局面形成的重要因素。

中国历史上唯一的女皇帝是谁

武则天（624~705 年），中国历史上唯一一个正统的女皇帝（唐高宗时代曾出现另一个民间起义的女皇帝陈硕真），也是即位时年龄最大的皇帝（67 岁即位），又是寿命最长的皇帝之一（终年 82 岁）。唐高宗时为皇后（655~683 年）、唐中宗和唐睿宗时为皇太后（683~690 年）。后自立为武周皇帝（690~705 年），改国号"唐"为"周"，定都洛阳，并号其为"神都"。史称"武周"或"南周"，705 年退位。武氏认为自己好像日、月一样崇高，凌挂于天空之上。于称帝后上尊号"圣神皇帝"，退位后中宗上尊号"则天大圣皇帝"。不可否认的是，武则天也是一位女诗人和政治家。武则天对历史作出过巨大的贡献：打击了保守的门阀贵族；促进了经济的发展；稳定了边疆形势；推动了文化的发展。

❍ 武则天

▶ 百科加油站

狄仁杰（630~700 年），字怀英，生肖虎，汉族，唐代并州太原（今山西省太原南郊区）人。唐（武周）时杰出的政治家，武则天当政时任宰相。

135

为什么武则天会留下无字碑

无字碑位于今陕西乾县的乾陵。乾陵是武则天和唐高宗合葬陵，墓前有两块碑，一块是高宗的墓碑，上有武则天的题词，另一块是武则天的无字

墓碑。一个迷信文字的女皇石碑上却没有刻一个字。其说法有几种：第一种说法认为，武则天立"无字碑"是用以夸耀自己，表示功高德大非文字所能表达；第二种说法认为，武则天立"无字碑"是因为自知罪孽重大，感到还是不写碑文为好；第三种说法认为，武则天是一个有自知之明的人，立"无字碑"是聪明之举——功过是非让后人去评论；还有一种说法，武则天的儿子恨透了自己的母亲，她本写好碑文，却被她的儿子藏在了墓室之中，所以只留下一块无字碑。

○无字碑

鉴真和尚为什么要东渡日本

唐代的鉴真和尚（688～763年），是扬州大明寺住持。鉴真所处时期是我国封建社会的全盛时期，强盛的国力、发达的文化使各邻国争相学习。742年，两名日本僧人来到扬州大明寺，邀请鉴真到日本传教。鉴真答应了他们的请求，但是，先后四次渡海都失败了。到第五次出海，又遇到了风暴，船被刮到了海南岛，日本僧人荣叡和鉴真的几个弟子均丧命于海上，鉴真自己也双目失明。但他仍积极准备第六次渡海，并且取得了成功。日本天皇派专使迎接鉴真，授予他传灯大法师的法

○鉴真和尚

号，并修建了唐招提寺，让他在那里向日本僧人讲经宣佛。鉴真还将唐朝的医学、文学、雕塑、书法、绘画等文化知识以及制糖、缝纫、做豆腐等技术带到了日本，为中日两国的文化交流作出了积极的贡献。

？ "开元盛世"是怎么回事

唐玄宗（即李隆基，也就是我们常说的唐明皇）统治前期（开元年间），政治清明，他励精图治，任用贤能，提倡文教，使得天下大治，经济迅速发展，唐朝进入全盛时期，并成为当时世界上最强盛的国家，史称"开元盛世"，前后共29年。"开元盛世"是我国历史上著名的盛世之一。

> 百科加油站

李隆基（685～762年），即历史上著名的唐玄宗（庙号为"玄宗"），亦称唐明皇。公元712～756年在位。唐睿宗李旦第三子，母窦德妃。谥为"至道大圣大明孝皇帝"，故亦称为"唐明皇"。清朝为避讳康熙皇帝之名（玄烨），故而多称其为唐明皇。李隆基在位期间开创了唐朝乃至中国历史上最为鼎盛的时期，史称"开元盛世"。但是唐明皇在位后期（天宝十四年）爆发了安史之乱，使得唐朝国势逐渐走向衰落。

？ 什么是"安史之乱"

安史之乱，是中国历史上一次重要的事件，是唐朝由盛而衰的转折点。"安"指安禄山（也指安庆绪），"史"指史思明（也指史朝义），安史之乱是指他们起兵反对唐王朝的一次叛乱。安史之乱自唐玄宗天宝十四年（755年）至唐代宗宝应元年（762年）结束，前后达八年之久。这次历史事件的原因是多方面的，是各种社会矛盾的集中反映，主要包括统治阶级和人民的矛盾、统治者内部的矛盾、民族矛盾以及中央和地方割据势力的矛盾等等。对唐朝后期的影响尤其巨大。

？ 唐玄宗为什么要处死杨贵妃

公元756年初夏，安禄山大军逼近长安，继而潼关失守，长安城岌岌可危。在一个阴雨连绵的黎明，唐玄宗携杨贵妃、宰相杨国忠、太子李亨以及诸皇亲国戚、心腹宦官，离开当时世界上最繁华的都市长安，逃往四川。次日晚行至马嵬驿时，由于军士痛恨杨氏兄妹祸国殃民的行径，护驾军士砍杀了祸国殃民的杨国忠，并要求唐玄宗立即处决杨贵妃。唐玄宗以怎样的心情下令缢死杨贵妃，旁人无法体会，但之后他便让出了皇位，晚年则在难以消解的悔恨忧愁中度过，直到死去。

《贵妃华清出浴图》

什么叫五代十国

五代十国（907~960年），一般是指介于唐末宋初间的历史时期。黄巢起义后，唐朝名存实亡，形成了藩镇割据局面。907年，朱温建立后梁开始，历史进入五代十国时期。960年，赵匡胤取代后周建立北宋，979年灭北汉，自此基本结束了自晚唐以来的分裂割据局面。五代是指后梁、后唐、后晋、后汉、后周五个次第更迭的中原政权；十国是指前蜀、后蜀、吴、南唐、吴越、闽、楚、南汉、南平（荆南）、北汉等十几个割据政权，十国乃称其"大"者，实际上还有不少割据政权。关于五代十国的理解，狭义上为五代十国本身，广义上一般以此代指这一历史时期。

"杯酒释兵权"是怎么回事

北宋初期，宋太祖赵匡胤为了加强中央集权，同时避免别的将领也"黄袍加身"，篡夺自己的政权，于是赵匡胤通过一次酒宴，在其中发表讲话，以威胁利诱的方式，要求高级军官们交出兵权。此次事件史称"杯酒释兵权"。

王安石为什么要变法

"王安石变法"是中国历史上有名的变法之一。他变法的原因主要是为了改变北宋当时"积贫积弱"的社会现实，达到富国强兵的目的。当时的民族对立很严重：北宋与西夏和辽国发生多次战争；统治集团内部矛盾突出：改革派（王安石为代表）与守旧派（司马光为代表）斗争激烈。变法取得的成果是有目共睹的，但由于变法中的种种弊端最终以失败而告终。

🔴 王安石

百科加油站

王安石（1021年12月18日~1086年5月21日），字介甫，号半山，谥文，封荆国公，世人又称王荆公。北宋抚州临川人（今江西省东乡县上池村人），中国历史上杰出的政治家、思想家、文学家、改革家，唐宋八大家之一。

司马光为什么要编写《资治通鉴》

宋神宗熙宁年间，司马光强烈反对王安石变法，上疏请求外任。熙宁四年（1071年），他任西京御史台，自此居洛阳15年，不问政事。在这段悠游的岁月里司马光主持编撰了294卷300万字的编年体史书《资治通鉴》。司马光主编的《通鉴》，它是由"鉴前世之兴衰，考当今之得失"而得名，目的很明确。

⊃ 司马光

阿骨打是怎样一个人物

完颜阿骨打（1068～1123年）是我国金代开国皇帝，是女真族的伟大领袖，对金朝灭亡辽朝、统一北方具有奠基意义。天庆四年，起兵反抗辽朝，1115年正月，建国号金，年号"收国"，建都会宁府。同年十二月，加号大圣皇帝，次年改年号为天辅。在位期间，把猛安谋克制度改为军事行政组织，天辅三年（1119年），颁行女真文字。1123年八月，领兵返回上京，行经部堵泺西行宫，病死于途中。九月，葬于上京宫城西南。谥武元皇帝，庙号太祖。

⊙ 金太祖完颜阿骨打

❓ 秦桧为什么要陷害岳飞

秦桧（1090~1155年），中国南宋奸臣，字会之，江宁（今江苏南京人）。宋徽宗政和五年（1115年）登进士第，官至御史中丞。曾主张抗金，反对割地求和。金军攻占开封后，欲立张邦昌为帝，秦桧进议状，主张另立宋宗室为帝，遂被金军驱掳北去，旋即降敌，在金廷大倡和议，故于建炎四年（1130年）被放回南宋。秦桧得宋高宗信任，官至宰相，因提出"南人归南、北人归北"的主张，罢相闲居。绍兴七年（1137年），秦桧任枢密使，与宰相张浚劝说宋高宗收回由岳飞并统淮西等军的成命，招致淮西军的哗变投敌。次年，秦桧重新拜相，力主议和，代表宋高宗向金使跪接诏书。1140年，金朝都元帅完颜宗弼领兵南侵，岳飞等军大举北伐，屡破金军，进逼开封，秦桧却怂恿宋高宗迫令班师。1141年，宋高宗与秦桧解除岳飞、韩世忠等大将军权，诬构谋反罪状，杀害岳飞，与金朝再次签订屈辱的和约。宋向金称臣、纳贡、割地，金规定宋高宗不许以无罪去首相。

🔴 岳飞塑像

❓ 北宋是怎样灭亡的

纵观中国历史，宋徽宗统治时期，无论以何种标准来评判，都不属于"政治最腐败、统治最黑暗的时期"。因此我们假设如若没有强悍的外力突然闯入，推翻了这个脆弱的平衡，则北宋王朝不至于如此猝死。金国之所以当初能灭辽和北宋，是由于金太祖、金太宗俩人有本事，而辽国的天祚帝和宋朝的宋徽宗皆是无能之辈。金太祖雄才大略、文武双全；金太宗文治超群，善于发掘人才，敢于放手用人，将军事活动全权委托给完颜宗望、完颜宗翰、完颜宗弼三位干将。金国相继由此二主当政，才能聚集起强大的力量，相继灭了辽和宋。而北宋自太祖、太宗之后，多是病夫当政，即便是身体健康，精神也懦弱不堪，两相对比，胜败一目了然。北宋靖康二年（公元1127年）四月，金兵掳走徽、钦二帝及宗室、宫人四百余人北返，北宋至此灭亡，史称"靖康之耻"。

🔴 宋钦宗

什么是活字印刷术

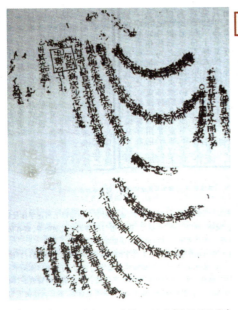

现存最早的活字印刷品实物：1103年《佛说观无量寿佛经》残页。

北宋庆历（1041~1048年）年间，中国的毕昇发明的泥活字，标志活字印刷术的诞生。他是世界上第一个发明活字印刷术的人，比德国J.谷登堡活字印书早约400年。活字印刷术的发明是印刷史上一次伟大的技术革命。活字印刷的方法是先制成单字的阳文反文字模，然后按照稿件把单字挑选出来，排列在字盘内，涂墨印刷，印完后再将字模拆出，留待下次排印时再次使用。

女词人李清照有什么成就

李清照，宋代著名女词人，号易安居士，济南章丘（今属山东济南）人。她既有巾帼之淑贤，更兼须眉之刚毅；既有常人愤世之感慨，又具崇高的爱国情怀。她不仅有卓越的才华，渊博的学识，而且有高远的理想，豪迈的抱负。她在文学领域里取得了多方面的成就，在词坛中自成一家，形成了自己独特的艺术风格——"易安体"。她将"语尽而意不尽，意尽而情不尽"的婉约风格发展到了顶峰，以至赢得了婉约派词人"宗主"的地位，成为婉约派代表人物之一。同时，她词作中笔力横放、铺叙浑成的豪放风格，又使她在宋代词坛上独树一帜，从而对辛弃疾、陆游以及后世词人有较大影响。她杰出的艺术成就赢得了后世文人的高度赞扬。后人认为她的词"不徒俯视巾帼，直欲压倒须眉"，她被称为"宋代最伟大的一位女词人，也是中国文学史上最伟大的一位女词人"，有"千古第一才女"之美誉。

○ 李清照

141

○ 成吉思汗

为什么铁木真被称为成吉思汗

"成吉思"是"大海""强大"的意思，颂扬他和海洋一样伟大，"汗"是皇帝的意思。

成吉思汗统一蒙古各部，在历史上起了进步作用。攻金灭夏，为元朝的建立奠定了基础。他军事才能卓越，战略上重视联远攻近，力避树敌过多。用兵注重详探敌情、分割包围、远程奇袭、佯退诱敌、运动中歼敌等战法，史称"深沉有大略，用兵如神"。

> **百科加油站**
>
> 孛儿只斤·铁木真，蒙古帝国可汗，被称为"成吉思汗"。世界史上杰出的政治家、军事家。1271年元朝建立后，忽必烈追尊成吉思汗为元朝皇帝，庙号太祖，谥号法天启运圣武皇帝。

○ 忽必烈

忽必烈是如何建立元朝的

忽必烈（即元世祖）是铁木真的孙子。他在成吉思汗打下的基础之上于1271年建立元朝（1271~1368年），1272年定都于大都（今北京市），1279年灭南宋，完成南北统一。元朝是中国历史上一个由少数民族建立的朝代。

文天祥是怎样的一个人

文天祥（1236年6月6日~1283年1月9日），汉族，吉州庐陵（今江西吉安区）人，南宋抗元英雄，初名云孙，字天祥。选中贡士后，换以天祥为名，改字履善。宝祐四年（1256年）中状元后再改字宋瑞，后因住过文山，而号文山，又有号浮休道人。文天祥以忠烈名传后世，受俘期间，元世祖以高官厚禄劝降，文天祥宁死不屈，从容赴义，生平事迹被后世称许，与陆秀夫、张世杰并称为"宋末三杰"。

指南针是什么时候发明的

指南针是我国古代的四大发明之一。我国古代劳动人民在寻找铁矿的实践中，发现了磁石的指极性，最初的指南针就是用天然磁石制成的，古人称之为"司南"。指南针是在春秋战国时期发明出来的。东汉王充《论衡》中描述了司南的形体及其机制："司南之杓，投之于地，其柢指南。"意思是说，司南勺在地盘上自由旋转，当它静止时，勺柄就会指向南方。那时，人们已经掌握了人工磁化技术，使司南得到了很大发展。北宋时期的军事著作《武经总要》中记载了指南针的制作方法，并详细介绍了磁化过程。随后，人们又掌握了另一种更好的简便有效的人工磁化方法，即用天然磁石摩擦钢针使之磁化，在北宋科学家沈括的《梦溪笔谈》中就有这样的记载。这种磁化法是磁性指向仪器发展史上的一项重要发明，一直为后世所沿用。

⬆ 司南

你知道郭守敬的《授时历》吗

提起哥白尼、伽利略、牛顿，大家都知道他们是世界著名的天文学家；而还有一位早于以上三位天文学家数百年的我国元代天文学家郭守敬，却很少有人知道。公元1281年，郭守敬、王恂等人铸成的《授时历》颁行。《授时历》确定一回归年长度为365.2425日，与现今通行的公历值完全一致。在此后，罗马教皇格里高利改革历法采用的回归年长度与《授时历》分毫不差，但《格年历》最终成为世界公历而沿用至今。为了表彰郭守敬对天文学作出的贡献，1970年国际天文学联合会命名月球背面的一座环形山为"郭守敬"，八年后该联合会又将中国天文台在1964年发现的第2012号小行星正式命名为"郭守敬"星。

⬆ 郭守敬

○ 朱元璋

? 和尚朱元璋为什么会当上皇帝

朱元璋是明朝的开国皇帝。他曾经当过和尚，但他为什么会在农民起义中异军突起，最终当上皇帝呢？主要是因为他善于接受良臣建议，特别是那"广积粮、高筑墙、缓称王"的建议；又有军师刘伯温，大将徐达、常遇春等人协助。加上他出身贫寒，知道百姓的真正需要是什么，有相当深厚的群众基础！他的行为，顺应了老百姓的心愿，因而得到老百姓的支持和拥戴。

百科加油站

朱元璋，明朝开国皇帝。原名朱重八，后取名兴宗。汉族，濠州钟离（今安徽凤阳）人，25岁时参加郭子兴领导的红巾军反抗元朝暴政，1368年在基本击破各路农民起义军和扫平元的残余势力后，于南京称帝，国号大明，年号洪武，建立了全国统一的封建政权。朱元璋统治时期被称为"洪武之治"。死后葬于明孝陵。

? 朱棣为什么要装疯卖傻

明成祖朱棣（1360～1424年）是明朝第三代皇帝。他是明朝非常有作为的皇帝，被后世称为永乐皇帝或永乐大帝。但他的皇位却是装疯卖傻得来的。朱棣是朱元璋的第四个儿子，被封为燕王。朱元璋死后建文帝做了皇帝，朱棣对此非常不满，常常想推翻建文帝，自己当皇帝。在建文帝实行削藩政策时，燕王也在被削之列，朱棣很是恐慌。为了保全自己，他就想出一条妙计：装病。朱棣上奏朝廷，声称自己已经病入膏肓，不可救药，建文帝就派大臣去探视虚实。朱棣装疯卖傻，满街乱跑，在盛夏的烈日之下，穿着皮袄围着火炉烤火取乐，还乱喊乱叫。建文帝派来的人回去报告说，朱棣确实病得不轻，于是建文帝便不再注意燕王朱棣了。但燕王朱棣暗地里却招兵买马，经过一番密谋和策划，最后打败了建文帝，夺取了皇位，改法建制，成为明朝的第三位皇帝。

○ 明成祖朱棣

百科加油站

《永乐大典》是中国最著名的一部大型古代典籍，它编纂于明朝永乐年间，保存了14世纪以前中国历史地理、文学艺术、哲学宗教和百科文献。《永乐大典》共计22937卷，目录60卷，分装成10095册，全书约3.7亿字。

永乐皇帝为什么要派郑和下西洋

　　燕王朱棣的皇位是从侄子朱允炆的手中夺得的，为此遭到很多人的反对。况且，当燕王的军队攻入南京时，宫中已是一片焦土，建文帝下落不明。当时有人传说建文帝没有死，他在燕军攻入南京时已从宫中秘道逃了出去，辗转到了海上。对于这个传说，朱棣宁可信其有，于是他决定派人出海，寻觅建文帝的下落，以免他在外面纠集势力反扑归来，威胁自己的皇位。那么派谁好呢？就这一个问题，朱棣确实费了一番脑筋。在他看来，郑和是最合适人选。因为一方面郑和是靖难功臣，既通晓军事，又精通阿拉伯语；另一方面，郑和是朱棣的心腹太监，在宫中的时间很长，熟悉朝廷的礼仪。这些条件都是别人不能比拟的。如此一来，郑和便担负起率领船队出海远航的使命。尽管他没有为永乐皇帝寻找到建文帝的踪迹，但却开通了中国通往印度南部的航路。加强了中国与西洋各国的联系，发展了对外贸易。

🔴 郑和

明代的锦衣卫是什么机构

　　"厂卫"是中国明代内廷的侦察机构。厂，指东厂、西厂、内行厂；卫，指锦衣卫，合称厂卫。东厂系永乐十八年（1420年）设立于北京东安门北；西厂系成化十三年（1477年）设于旧灰厂。锦衣卫原为内廷亲军，皇帝的卫队，洪武十五年（1382年）成立。厂卫是明代特务政治的工具，是皇帝的耳目和爪牙。初设西厂时，以汪直领之。武宗时以当时八虎之一的马永成掌管东厂，以八虎的另一成员谷大用掌管西厂。当时司礼监太监刘瑾因与他们有矛盾，又另设内行厂，自成系统，权势居东、西厂之上，用刑尤为酷烈。魏忠贤自天启三年（1623年）开始，一直兼管东厂事。锦衣卫长官以皇帝亲信心腹担任。除侍卫掌卤簿仪仗而外，专司侦察，名为缇骑。厂与卫的职权基本无差别。但由于锦衣卫属于外官，奏事需用奏疏，还有勋戚及其子弟参加，不如东厂太监亲近，故厂的势力总要大于卫。厂卫都可以不通过司法机构，直接奉诏行事，受理词状，任意逮捕吏民，用刑非常残酷，甚至打死为止。

明代"倭患"是怎样被平息的

明代倭患自洪武二年开始。当时日本处于南北朝分裂时期，在内战中失败的武士以及一部分浪人和商人得到西南部一些封建诸侯和大寺院主的资助，经常驾驭海盗船只到中国沿海武装掠夺骚扰，史称"倭寇"。明初国力强盛重视海防设置，倭寇未能酿成大患。嘉靖年间，政治腐败，边防松弛，加上东南沿海工商业发展，一些富商和海盗商人如王直、徐海等与倭寇勾结劫掠，致使倭患愈演愈烈，祸殃沿海，危及漕运。到1549年，浙江巡抚朱纨因抗倭反遭诬陷革职，倭寇之患越演越烈。从1552年起，倭寇连年掠劫东南沿海，生灵涂炭。明政府腐败无能，军备不修，对倭患束手无策。这就是明朝的"倭患"。福建巡抚在谭纶、戚继光、总兵俞大猷等领导下，组织东南沿海军民浴血奋战，抗击倭寇。嘉靖三十二年（1553年），俞大猷率精兵夜袭普陀山倭寇老营，重创倭寇，又在王江泾歼灭倭寇两千人。嘉靖四十年（1561）年，戚继光率戚家军等在台州九战九捷，痛歼入寇台州之敌。此后，戚、俞联合，基本肃清福建、浙江倭寇。嘉靖四十四年（1565年），戚继光与俞大猷两军配合，击灭盘踞在广东、南澳的倭寇。至此，东南沿海的倭寇最后被荡平。

○戚继光

> **百科加油站**
>
> 戚继光（1528年11月12日～1587年1月5日），字元敬，号南塘，晚号孟诸，汉族，山东登州（今山东蓬莱）人。明代著名抗倭将领、军事家，与俞大猷齐名。率军于浙、闽、粤沿海诸地抗击来犯倭寇，历十余年，大小八十余战，终于扫平倭寇之患，被誉为民族英雄，卒谥武毅。世人称其带领的军队为"戚家军"。

李自成为什么要起义

明朝末年，李自成领导农民起义，主要是因为明末政治腐败，农民破产，压迫剥削日益加重，阶级矛盾日益尖锐，天灾人祸不断发生。陕西又逢旱灾，土地都被皇亲贵族、地主豪绅霸占了。千百万农民身上无衣，口中无食，还要忍受着统治阶级残酷的剥削和压迫。于是，一场声势浩大的农民起义爆发了。

吴三桂为什么引清兵入关

吴三桂，字长伯，一字月所，明朝辽东人，明末清初著名政治军事人物。祖籍江南高邮（今江苏高邮），锦州总兵吴襄之子。以父荫袭军官，明崇祯时为辽东总兵，封平西伯，镇守山海关，后封汉中王、济王。吴三桂投降清王朝关键的原因是李自成建立的大顺王朝对于投降的地主阶级严厉拷掠，虽然已经占据了大半个中国，但是完全反对地主阶级，坚决消灭地主阶级。这样一来就和吴三桂的既有利益冲突，和吴三桂的家族利益冲突，和吴三桂的支持来

🔴 山海关

源冲突。这时吴三桂已清楚地知道，他和他的阶级不能和李自成的大顺王朝共存，因此，便有了引清兵入关这一历史事件。

郑成功是一个什么样的人

郑成功（1624～1662年），汉族，明末清初军事家，民族英雄。本名森，又名福松，字明俨，号大木，福建省南安市石井镇人。弘光时监生，隆武帝赐姓朱，并封忠孝伯，这也就是他俗称"国姓爷"的由来。其父郑芝龙，其母名田川氏。清兵入闽，其父郑芝龙迎降，他哭谏不听，遂起兵抗清。后与张煌言联师北伐，震动东南。郑成功一生，抗清驱荷，以赶走荷兰殖民主义者、收复祖国领土台湾的业绩载入史册，海峡两岸均立像树碑纪念他。

🔴 郑成功战船

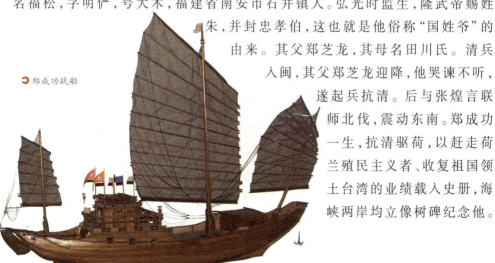

康熙皇帝为什么要平"三藩"

◑ 康熙皇帝

"三藩"指镇守云南的平西王吴三桂,镇守福建的靖南王耿精忠(耿仲明之孙),镇守广东的平南王尚可喜之子尚之信。他们本为明朝辽东边将,后来或降清,或开关迎接清军进入山海关,或为清廷南征北战,镇压人民的反抗和抗清势力立有战功。清在北京建立中央政权之后,他们以功被封为王,享受高官厚禄,作为清朝控制南方边远地区的藩篱。他们趁此机会,保存并扩大自己的实力。后来他们拥兵自重,割据一方,恣意妄为,对下鱼肉百姓,对上与中央政府抗衡。康熙皇帝如果不下令撤藩,三藩有朝一日必反。即便不反,也会危害国家统一。作为一名有雄才大略的统治者,康熙是不可能让他人篡夺权位的,因此,他以政治权谋和军事手段,彻底平定了"三藩"叛乱。

> **百科加油站**
>
> 康熙帝,清朝第四位皇帝(清定都北京后第二位皇帝)。他8岁登基,在位61年,是中国历史上在位时间最长的皇帝。他是我国统一的多民族国家的捍卫者,奠基了清朝兴盛的根基,开创出"康乾盛世"的伟大局面。

清朝的文字狱是怎么回事

文字狱是指封建统治者迫害知识分子的一种冤狱。皇帝和他周围的人故意从作者的诗文中摘取字句,罗织成罪,严重者会因此引来杀身之祸,甚至所有家人和亲戚都受到牵连,遭满门抄斩乃至株连九族的重罪。文字狱历朝皆有,但以清朝最多。据记载,仅庄廷鑨《明史》一案,"所诛不下千余人"。从康熙年间到乾隆年间,就有10多起较大的文字狱,被杀人数之多可想而知。

？ 曹雪芹的《红楼梦》是怎样一部书

《红楼梦》，中国古代四大名著之一，章回体长篇小说，成书于1784年（清乾隆四十九年）。其原名有《石头记》《情僧录》《风月宝鉴》《金陵十二钗》等。梦觉主人序本正式题为《红楼梦》。前80回为曹雪芹著，后40回无名氏

续，程伟元、高鹗整理。本书是一部具有高度思想性和高度艺术性的伟大作品。作者对现实社会、宫廷、官场的黑暗，封建贵族阶级及其家族的腐朽，对封建的科举、婚姻、奴婢、等级制度及社会统治思想等都进行了深刻的批判，并且提出了朦胧的带有初步民主主义性质的理想和主张。家族衰败后曹雪芹住在北京西郊，在穷困潦倒的情况下著成了这部惊世之作。

↑《红楼梦》插图

？ 清政府和西方国家签订的第一个条约是什么

1689年，中俄两国在尼布楚进行谈判，双方签订了第一个边界条约《尼布楚条约》。条约签订后，中俄东段边境地区相对稳定，两国人民和平往来，贸易得到很大的发展。它是一个在清政府作了很大让步的情况下签订的一个平等条约，也是清政府和西方国家签订的第一份条约。

↑ 醉生梦死的鸦片吸食者

？ 英国为什么用鸦片和中国进行贸易

中国由于自给自足的自然经济占统治地位，在传统的中英贸易中，中国处于出超地位，大量白银流入中国。英国为了扭转贸易逆差，就向中国进行罪恶的鸦片贸易，掠走中国的大量白银。

什么是虎门销烟

虎门销烟（1839年6月）是指中国清朝政府委任钦差大臣林则徐在广东虎门，集中销毁缴获英国商人鸦片的历史事件。1839年6月3日，林则徐下令在虎门海滩当众销毁鸦片，至6月25日结束，共历时23天，销毁鸦片19187箱和2119袋，总重量2376254斤。虎门销烟成为打击毒品的重要历史事件。此事后来成为第一次鸦片战争的导火线，《南京条约》也是那次战争后英国和清政府签订的。虎门销烟开始的6月3日，民国时被定为不放假的禁烟节，而销烟结束翌日即6月26日也正好是国际禁毒日。

○ 林则徐

> **百科加油站**
>
> 林则徐，1785年8月30日（乾隆五十年）~1850年11月22日（道光三十年），汉族，福建侯官（今福建省福州）人。字元抚，又字少穆、石麟。他是清朝后期重要的政治家、思想家和诗人，是中华民族抵御外辱过程中伟大的民族英雄，其主要功绩是虎门销烟。

鸦片战争是怎么回事

中国近代史上一共有两次鸦片战争。第一次鸦片战争：1840年6月~1842年8月。第二次鸦片战争：1856年10月~1860年10月。两次鸦片战争使旧中国逐步沦为半封建半殖民地社会。林则徐的禁烟运动是鸦片战争爆发的导火索。但战争的根本原因是工业革命后，英国为夺取原料产地和消费市场，推行殖民扩张政策，决意用武力打开中国大门。

○ 1865年12月7日香港。图中展示了海湾中的划桨蒸汽船和航海船，还有山下的城市。在1842年，第一次鸦片战争后签订的《南京条约》中，香港成为英国领土。

❓ 什么是太平天国运动

太平天国是在清朝统治后期发生的一次最为轰轰烈烈的农民起义,最终被清朝联合列强镇压下去,但是其余部仍进行了多年的斗争。太平天国前期所到之处都实现了男女平等,废除裹脚等恶习,女子的地位得以和男子同等,是近代中国民主的开端。西方的一些见闻记中,都称当时中国最为俊美及威武的男子只有在太平天国才能看到。马克思认为太平天国是世界上第一个具有共产主义性质的政权,曾称太平天国为"中华共和国"。

❍ 太平天国士兵

❓ 太平天国运动为什么失败了

太平天国定都天京后,太平天国领导层日益腐化。他们贪图享乐,大兴土木建造宫室,并实行严格的阶级制度(早年由南王冯云山制订),愈来愈脱离民众。加上太平天国强制推行一些违背民意的措施,例如在首都天京强制男女分开居住(1855年起放宽),凡此种种皆不得民心。

主要领导人争权夺利最后导致领导集团的分裂。洪秀全晚年用人唯亲,不太信任外人,政事混乱,生活糜烂,军心更加涣散。太平天国未能争取外国支持,后期清军却得到洋人支援,形势此消彼长。西方国家认为太平天国的拜上帝教与基督教相差甚远,实为异端。太平天国不承认清朝与外国订立的不平等条约,加上禁止鸦片入口,损害西方国家的利益,因此英、法两国跟清廷签订《北京条约》后即支援清军对付太平天国。李秀成进攻上海失败,导致战局更为不利。天王洪秀全后期不肯放弃天京,不肯转移至列强不能深入的内陆地区发展。同时,连年战争及其内部的统治,造成中国人口大量流失,生产遭到破坏。江南繁华之地繁华不再,江苏、浙江两地人口锐减,太平天国再也无法得到人民支持,只得走向失败。

❓ 圆明园是怎样被英法联军烧毁的

❶ 咸丰皇帝

1857年10月，英国借口"亚罗号"事件，法国借口"马神甫事件"，联合出兵侵略中国。在侵占广州后，继续进犯北京，咸丰皇帝吓破了胆，慌忙逃到热河行宫（今河北承德避暑山庄）。1860年10月5日，英法联军兵临北京城下。根据俄国外交官伊格纳提耶夫提供的情报：清朝守军集中在东城，北城是最薄弱的地方，应先攻取，而清朝皇帝正在西北郊的圆明园。于是，英法联军绕抄安定门、德胜门，进犯圆明园。10月6日，英法联军闯进圆明园，立即疯狂地进行抢劫。清咸丰十年（1860年）英法联军攻占北京后，于10月6日占据圆明园。中国守军寡不敌众，圆明园总管大臣文丰投福海自尽，住在园内的常嫔受惊身亡。英法军队洗劫两天后，向城内开进。10月11日英军派出1200余名骑兵和一个步兵团，再次洗劫圆明园，英国全权代表詹姆士·布鲁斯以清政府曾将巴夏礼等囚于圆明园为借口，将焚毁圆明园列入议和先决条件。10月18日，3500名英军冲入圆明园，纵火焚烧圆明园，大火三日不灭。圆明园及附近的清漪园、静明园、静宜园、畅春园及海淀镇均被烧成一片废墟。安佑宫中，近300名太监、宫女、工匠葬身火海，火烧圆明园成为世界文明史上罕见的暴行。

百科加油站

圆明园，坐落在北京西郊海淀区，与颐和园紧相毗邻。它始建于清康熙四十八年（1709年），由圆明园、长春园、万春园三园组成。有园林风景百余处，建筑面积逾16万平方米，是清朝帝王在150余年间创建和经营的一座大型皇家宫苑。

❶ 被火烧过的圆明园大水法遗址

沙俄怎样强迫清政府签订《瑷珲条约》

第二次鸦片战争后，沙俄强占中国东北大片领土，又于1857年初派海军上将普提雅廷乘兵船到天津向清政府提出以黑龙江和乌苏里江为界的要求，遭到清政府的拒绝。但沙俄并未死心，又赴南方与英法美勾结。1858年5月28日，沙俄趁英法联军攻陷天津大沽、威胁北京之际，用武力逼迫清政府签订了中俄第一个不平等条约《瑷珲条约》。

洋务运动是怎么回事

洋务运动，又称自强运动，是指1861年至1894年，清朝政府内的洋务派在全国各地掀起的"师夷之长技以自强"的改良运动。经过两次鸦片战争后，清政府的统治阶级对如何解决一系列的内忧外患分裂成"洋务派"与"守旧派"。洋务派主张利用官办、官督商办、官商合办等方式发展新型工业，增强国力，以维护清政府的封建统治。洋务运动对中国迈入现代化也奠定了一定基础。

➲ 洋务运动中清朝兵工厂制造的大炮

中日甲午战争是怎么回事

➲ 在甲午海战中英勇牺牲的清朝将领——邓世昌

按中国干支纪年，时年为甲午年，故称甲午战争。这场战争以中国失败告终，中国清朝政府迫于日本军国主义的军事压力，签订了丧权辱国的不平等条约——《马关条约》。1894年春，朝鲜爆发甲午农民战争。日本以"护侨"为名派兵侵入与清政府有宗藩关系的朝鲜，挑起中日甲午战争。9月，清军在朝鲜战败。10月，日军侵入中国，至翌年春相继占领辽东半岛和山东威海卫，清政府被迫求和。

《中日马关条约》的内容是什么

中日甲午战争是19世纪末日本侵略中国和朝鲜的战争。它以1894年7月25日丰岛海战的爆发为开端，到1895年4月17日《马关条约》签字结束。该条约是一个条件十分苛刻的不平等条约，它使中国的民族危机和半殖民地化进一步加深。

这个不平等条约亦称《马关新约》。主要内容是：①清政府承认朝鲜完全独立自主。②中国割让辽东半岛、台湾及澎湖列岛给日本(同年11月辽东半岛由中国以3000万两白银"赎回")。③中国赔偿日本军费库白银2亿两。④中国增开沙市、重庆、苏州、杭州为通商口岸，日本得在上述口岸派驻领事。⑤中国允许日本人在通商口岸城邑设厂生产，其进口机器及产品只交所订进口税，并可在内地设栈存货。⑥双方交换俘虏，中国释放日军间谍或嫌疑犯，并不得逮捕为日军服务的华人。⑦为确保条约的履行，日军在威海卫暂留驻一个旅，中国每年须贴交驻军经费库白银50万两。

李鸿章，早年投笔从戎，屡建奇功，中年出任封疆大吏，推动洋务运动，晚年主持外交，活跃在晚清政坛上长达40年。中日甲午战争以后，由于李鸿章代表清政府和日本签订了丧权辱国的《马关条约》，遭到了全国人民的强烈抗议和反对，致使李鸿章从仕途的顶峰上跌落下来。

美国提出的"门户开放"政策是怎么回事

门户开放政策是由美国1899年向英、德、俄、日、意、法各国首先提出来的。它的主要内容是：在整个中国范围，列强都有进行贸易的权利。它的主要精神是利益均沾，机会平等。不论是在哪个列强的势力范围内，不论是在中国内地或沿海地区都实行这个原则。影响：它标志着美国已经形成自己独立的侵华政策，是美国侵华行动的"里程碑"。同时，它受到列强的普遍欢迎，由此而使得列强在侵华步骤上取得暂时的一致。

康有为，清末民初最重要的思想家之一。维新派主要人物，"戊戌变法"失败后，逃亡日本。

"戊戌变法"为什么失败了

发生于1898年的戊戌变法是中国近代史上非常有名的变法，它最终以失败而结束。失败的原因主要是：维新派势力过于弱小，而顽固势力十分强大；缺乏坚强的组织领导，依靠的是一个没有实权的皇帝；维新派没有势力，又不能发动广大的人民群众；对帝国主义列强抱有不切实际的幻想。变法失败的教训证明，在半殖民地半封建的中国，资产阶级改良主义道路是行不通的。

百科加油站

戊戌政变时，以慈禧太后为首的封建顽固派大肆捕杀维新党人，维新志士谭嗣同、康广仁、林旭、杨深秀、杨锐、刘光第6人于1898年9月28日在北京惨遭杀害，史称"戊戌六君子"。

为什么清政府要签订《辛丑条约》

19世纪末，帝国主义列强激烈争夺和瓜分中国，造成中国空前严重的民族危机。这种危机感促成了人们的觉醒，救亡图存成了当时最紧迫的要求。1898年资产阶级改良派的维新运动失败了，1900年又爆发了以农民为主体的轰轰烈烈的反帝爱国的义和团运动。义和团运动引起帝国主义列强的恐慌，它们决定亲自出兵镇压义和团。1900年6月，英、美、日、俄、法、德、意、奥八国组织联军侵入中国，8月攻入北京。慈禧太后携带光绪皇帝及亲信臣从仓皇出逃西安，清王朝被迫向帝国主义求和，决定签署《辛丑条约》来保全自己。

为什么袁世凯只当了83天皇帝

1915年12月13日，袁世凯称帝，国号为"洪宪"。袁世凯的倒行逆施，激起了革命党人和广大进步群众的声讨，云南的蔡锷将军首先组织护国军讨伐袁世凯，各省纷纷响应，袁世凯的一些亲信也纷纷倒戈。这位"洪宪"皇帝被迫退位，不久以后就一命呜呼。计算下来，他总共只当了83天皇帝。

袁世凯

为什么会爆发五四爱国运动

1914年第一次世界大战爆发，日本借口对德宣战，攻占青岛和胶济铁路全线，控制了山东省，夺取德国在山东强占的各种权益。1918年大战结束，德国战败。1919年1月18日，战胜国在巴黎召开"和平会议"。北京政府和广州军政府联合组成中国代表团，以战胜国身份参加和会，提出取消列强在华的各项特权，取消日本帝国主义与袁世凯订立的"二十一条"不平等条约，归还大战期间日本从德国手中夺去的山东各项权利等要求。巴黎和会在帝国主义列强操纵下，不但拒绝中国的要求，而且在对德和约上，明文规定把德国在山东的特权，全部转让给日本。北洋政府竟准备在"合约"上签字，从而激起了中国人民的强烈反对，激愤的青年们首先发起了爱国运动——五四运动。

> **百科加油站**
>
> 五四运动是1919年5月4日在北京爆发的中国人民彻底的反对帝国主义、封建主义的爱国运动。五四运动是中国旧民主主义革命的结束和新民主主义革命的开端。五四运动是中国革命史上划时代的事件，是中国旧民主主义革命到新民主主义革命的转折点。

天津学生支援北京学生爱国运动

中国共产党是怎样成立的

中国共产党是马列主义与中国工人运动相结合的产物，是适应中国近代革命发展的需要而产生的。1920年初，李大钊和陈独秀等人开始酝酿建党的问题。一些先进知识分子，建立了党的早期组织。在法国和日本留学的青年学生，也成立了党的早期组织。1921年7月23日，中国共产党第一次全国代表大会在上海举行。在会议进行过程中，突然有法租界巡捕闯进了会场，会议被迫中断。于是，最后一天的会议，便转到了浙江嘉兴南湖的一艘游艇上举行。经过讨论，大会通过了中国共产党的第一个纲领和决议。纲领规定党的名称是"中国共产党"。党的一大宣告了中国共产党的正式成立。从此，中国诞生了完全新式的、以共产主义为目的、以马列主义为行动指南的、统一的工人阶级政党。中国共产党的成立，给灾难深重的中国人民带来了光明和希望，给中国革命指明了方向。中国共产党成立后，中国革命的面貌就为之一新了。

九一八事变是怎么回事

　　1931 年 9 月 18 日晚，盘踞在中国东北的日本关东军按照精心策划的阴谋，由铁道"守备队"炸毁沈阳柳条湖附近的南满铁路路轨，并嫁祸于中国军队。这就是所谓的"柳条湖事件"。日军以此为借口，突然向驻守在沈阳北大营的中国军队发动进攻。由于东北军执行"不抵抗政策"，当晚日军便攻占北大营，次日占领整个沈阳城。日军继续向辽宁、吉林和黑龙江的广大地区进攻。短短 4 个多月内，128 万平方千米、相当于日本国土 3.5 倍的中国东北全部沦陷，3000 多万父老成了亡国奴。这就是震惊中外的"九一八"事变。

🔴 九一八事变后日军侵占下的沈阳市区

红军长征为什么能够胜利

　　长征的伟大胜利，最重要的在于它是马克思主义中国化的必然结果。中国共产党是马克思主义政党，在伟大的革命实践中，产生了指导中国革命的科学理论——毛泽东思想，而红军长征的伟大胜利，正是对毛泽东思想指导中国革命进程的科学论证。众所周知，长征中的毛泽东，起初甚至连名字也未在随队长征的干部名单中，在周恩来的力谏下，毛泽东等人终于能够随队成行。而红军和红军领导层在残酷的血的教训面前，终于充分认识到极左思想、教条主义、崇洋媚外的危害，并通过一系列的党内斗争，最终通过遵义会议，确立了毛泽东在中国共产党内的领导地位。通过后来与极右分子张国焘等人的斗争，彻底树立了党中央的权威，从此，中国共产党领导的中国革命焕然一新，开始了中国革命的科学化进程。而长征的伟大实践，正充分证明了毛泽东思想对中国革命的科学指引，使红军逐渐转危为安，并最终取得了伟大的胜利！

为什么会发生西安事变

○ 杨虎城

1936年，随着日本帝国主义侵略的步步深入，广大人民纷纷要求民族团结、一致抗日。在共产党的影响下，当时正带兵进攻陕北红军的张学良、杨虎城接受了"停止内战，一致抗日"的主张，力谏蒋介石联共抗日。蒋介石不但不考虑张、杨二人的请求，还亲自赴西安督促张、杨"剿共"。在多次劝说蒋介石联共抗日均遭到

○ 张学良

失败后，张学良和杨虎城决定实行"兵谏"。12月12日清晨，东北军和十七路军联合行动，将在临潼和西安城内的蒋介石和国民党军政大员扣押起来。并以蒋介石名义通电全国，提出"停止内战，联合抗战"。

> **百科加油站**
>
> 杨虎城，号虎臣。著名抗日爱国将领，民族英雄，陆军上将。1912年投身于孙中山先生领导的辛亥革命运动。因与张学良发动"西安事变"，后被蒋介石迫害致死。

什么是卢沟桥事变

七七事变，又称卢沟桥事变、七七卢沟桥事变，是1937年7月7日发生在中国北平的卢沟桥的中日军事冲突，日本就此开始全面进攻中国。七七事变是日本帝国主义为实现它鲸吞中国的野心而蓄意制造出来的一次军事事件，它是日本全面侵华的开始。

为什么会出现南京大屠杀

1937年12月13日起，日本侵略军发动了震惊中外的南京大屠杀。这是我们每一位中国人都应该铭记的历史。

日本帝国主义为什么要发动南京大屠杀？主要原因有：①日军企图用屠城、用铁血的方法去打掉所有敢于反抗者的勇气，来逼迫中国军队产生不敢抵抗心理，妄想用这个手段来破坏中国军队和中国人的抵抗精神，并最终实现彻底占领并同化中国。②长期的战争导致了日本帝国主义军人人性的扭曲。③南京是一国之都城，南京灭等于国家灭，对民心的影响是巨大的。

为什么说百团大战震惊中外

　　百团大战是中国抗日战争时期，中国八路军与日军在中国华北地区发生的一次规模最大、持续时间最长的战役。八路军的晋察冀军区、第129师、第120师在总部统一指挥下，发动了以破袭正（定）太（原）铁路为重点的战役。战役发起第三天，八路军参战部队已达105个团，故中方称此为"百团大战"。百团大战是抗战时期中国工农红军主动出击日军的一次最大规模的战役，它打出了敌后抗日军民的声威，振奋了全国人民争取抗战胜利的信心，在战略上有力地支持了国民党正面战场。

中国解放战争时期三大战役指什么

　　解放战争时期的三大战役是指1948年9月至1949年1月，中国人民解放军同国民革命军进行的战略决战，包括辽沈、淮海、平津三个战略性战役。辽沈、淮海、平津三大战役，历时142天，共争取起义、投诚、接受和平改编与歼灭国民党正规军144个师，非正规军29个师，合计共154万余人。国民党赖以维持其反动统治的主要军事力量基本上被消灭。三大战役的胜利，奠定了人民解放战争在全国胜利的基础。

中华人民共和国是什么时候成立的国名由来是什么

　　1949年10月1日，毛泽东主席宣布中华人民共和国成立。

　　1949年9月22日，董必武在政协第一届全体会议上报告中央人民政府组织法起草经过时说："国家名称的问题，本来过去写文章或演讲，许多人都用中华人民民主共和国；黄炎培、张志让两先生曾写过一个节略，主张用中华人民民主共和国。在第四小组第二次全体会议讨论中，张奚若先生以为用中华人民民主共和国，不如用中华人民共和国。我们现在采用了最后这个名称，因为共和国说明了我们的国体，'人民'二字在我们今天新民主主义的中国是指工、农、小资产阶级和民族资产阶级四个阶级的人，它有确定的解释，这已经把人民民主专政的意思表达出来，不必再把'民主'二字重复一次了。"1949年10月1日起，国名全称为"中华人民共和国"。

　　中央人民政府主席毛泽东在1949年10月1日开国大典上，宣布中华人民共和国正式成立。

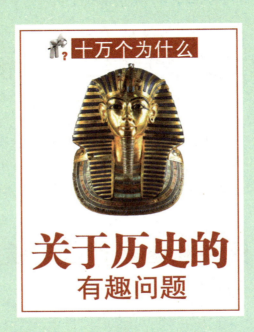

十万个为什么

关于历史的
有趣问题